JN411844

오미마

수목원을 품은 카페이야기

오미마

수목원을 품은 카페이야기

글 김미선

건강신문사
www.kksm.co.kr

머리말序

오픈

미들

마감

아침 7시에 문을 열고 11시에 교대한다
다음 근무자는 오후 네시까지 근무를 하고
마지막은 저녁 10시까지 근무한다

나의 위치는 주로 오 마 근무다
간혹 간혹은 오 미 마가 될 때도 있다

이 책은 그 이야기들이다

김미선

차례

2부

3부

1부

1분 대기조

실없이 먹을 것을 찾아 냉장고 문을 열었다 닫았다 한다

교대를 마친 11시

4시간 동안의 아침 근무를 마친 후엔 딱히 배고픔은 없지만 입속이 궁금하다 냉동고에서 비닐에 쌓인 마른 멸치를 발견하곤 입김 불어 간단히 주변 먼지를 정리하고는 한 입에 쓰윽이다

똥(멸치내장)빼고 뼈 바르고 먹는 것은 멸치에 대한 예의가 아니라 생각한다 멸치는 뼈째 먹어야 제맛이다

그가 살았던 지세포, 해안선을 끼고 만들어진 큰 멸치 어장이 있고 그 어장의 크기는 마을보다도 컸던 것 같다

소나무 2그루만이 어장의 이정표처럼 서 있을 뿐 학교 오가는 시간에는 인적이라곤 코빼기도 볼 수 없었고 멸치만이 늘 삶아져서 따뜻한 햇살과 해풍에 말려지고 있었다 호기심도 장난기도 많았던 초등학교 시절 배고픔도 많아 어장에서 펼쳐 놓은 멸치는 자연스레 한줌씩 먹었던 그 시절 간식이었다 돌이켜보면 한 두번도 아니고 한 두명도 아닌 아이들이 오가며 먹는 멸치가 신경 쓰일만도 하였으리라만 아무도 혼내는 사람이 없었다 마을 어른들이 아이들을 위해 간식을 펼쳐 놓고 아이들은 오가며 심심할 때 먹으라 묵인해 주셨던 것 같기도 하다는 생각이 들 정도다

꼬리를 잡고 대가리부터 한 입이면 끝나는 멸치, 엄지와 검지에 끼여 흔적만 남은 꼬리를 이리저리 돌려보니 어째 비늘을 닮은 듯하고

입 안에 남은 멸치 뼈와 내장의 절묘한 흔적을 느끼며 생각에 잠긴다

오늘은 1시간만이라도 편히 쉬고 싶다 마루 바닥에 팔다리 쭈욱 뻗고 뒹굴뒹글 거리다 잠깐 잠들기도 하는

그런 쉼의 1시간이 간절했다 일과 일 사이에서 1시간이 주어진다면 내가 할 수 있는 것이 무엇일까

여유있게 식사를 할 수 있는 시간
밀렸던 일도 어느 정도 가능 한 시간
길게 안부를 물을 수 있는 시간
어제 못 봤던 드라마를 한 편 볼 수 있는 시간
산책 할 수 있는 시간
나무늘보처럼 길게 늘어져 마사지를 즐길 수 있는 시간

오늘은 그 한 시간이 절실했다

매장에서 전화벨이 울린다
입안엔 멸치의 여운과 아쉬움이 함께 남아 꼬리를 만지작거리던 차였는데
핸드폰이 빠진 뒷 주머니에 멸치 한마리를 담고 매장으로 향한다
도착하는데는 1분이면 충분하다

메이트가 아직 초보일 때

단체손님이나

주말 공휴일일 때

수목원이 아름다울 때

오픈 담당인 김은 한 시간을 제대로 즐기지 못한다

그래도

1분 대기조가 됨을 좋아한다

매출을 위한 출동은 더 더욱 즐긴다

행복하게 뛰어 내려 간다

쫘악 밀린 주문서를 해결하고 배달까지 해결하고 돌아선다

오더 랙에 걸린 주문서가 김의 엔돌핀이 되는 건 두말하면 잔소리다

엔돌핀이 되는 1분 출동은 자주 일어나길 바란다

한 시간의 쉼? 그건 죽으면 얼마든지 하는거잖아?

열대야 그 이후

더듬이 다리길이까지 합쳐야 겨우 1센티가 될 것 같은 녀석들이 어디서 왔는지 여기저기 청소기를 피해 구석에서 떨고 있다가 꼭 한 두 녀석은 빨려 들어간다 잽싸게 그 자리를 피한 녀석은 늘 그렇듯 숨어서 처절한 가을 노래를 한다 어제는 개체수가 제법 늘어난 귀뚜라미들과 청소를 했다 달력을 한번 더 돌이켜보고는 더위는 가지 않아도 가을은 오고 귀뚜라미도 오는 9월이 왔음을 깨닫는다

따뜻한 카페라떼 한잔을 만든다
샷 추출을 누르고 피쳐에 우유를 담는다
26초 나쁘지 않은 시간이다

스팀으로 우유 온도를 60도까지 높이고 못난이 하트를 만든다

나만의 모닝라떼가 만들어지는 순간이다

5년째 이어오는 나만의 루틴이다

오픈 준비는 끝나고

데워진 대지가 간밤의 어둠에도 식지 않아 인적마저 뜸하고

매장은 조용하다

언제 왔는지 김이 왔다

내가 한눈을 파는 사이 다리를 쭈욱 뻗고 기지개를 켠다

열대야 때문에 녀석도 잠을 설쳤나 보다

낮기온 36도 어제의 기온을 상기시키며

빛을 피해 구석으로 숨어든다

희극인이 가면을 벗고 화장을 지우고 다음을 위해 잠시 쉴 수 있는 그런 곳

긴장속에 조여왔던 숨을 한 스푼이나마 내려놓을 수 있는 뒷무대 같은 물류창고를 겸한 1평의 여유공간

짙은 회색으로 칠해진 문

짙은 메탈색의 냉동고

거기에 뒤질세라 더 어둡고 탁한 창고 벽

아무렇게나 쌓여있는 듯 하지만 정리되어 쌓인 박스들

그 사이에 접의자 한 개가 있다

김의 공간이다

김은 의자에 앉아 잠시 눈을 감고 정적과 같은 고요함을 느낀다

한 모금

또

한 모금

입안에 머물던 커피향은 목을 따라 흐른다

그 향이 창고를 가득 채우고 카페의 소음은 나뭇잎들의 부딪힘으로 변한다.

김은 숲속에 있다

계곡물이 흐르고 바람이 머리칼을 흔든다.

경사 가파른 곳을 따라 걸어가면 노란색 페인트를 잔뜩 먹은 시멘트 의자를 만난다

김은 손을 뻗어 바람을 잡으려는 듯 휘 휘 젓는다
다른 한 손엔 맥주 캔이다
아직 시원하다 마신 지 얼마 되지 않았다
시원하다
캬~아
정말 시원하다
의자에 앉아 다리를 흔든다 콧노래가 절로 나온다
해가 지면 인가가 없는 농장은 어둡다 하늘에 별이 보이지 않는다

주위 상가에서 나오는 네온의 불빛만이 녀석이 어디에 있는지 보여 줄 뿐이다
어릴 적 살던 집이다
담 한 개를 두고 교회가 섰다 눈을 감으면 파도가 말을 한다
소리는 크지 않다
부드럽다
시처럼 일정한 운율이 있고 합창처럼 누구하나 튀지 않는다
새벽녘이면 더 잘 들린다

차르르 솨아아 차르르르
작은 몽돌들의 오르내림이라 더 재갈스럽다
일요일 아침이면
교회에서 나오는 성가대 소리가 집을 잠식하기 전
파도 소리를 더 들으려고 머리를 세우지 않는다
그것도 해 뜨면 그만이다

"저기요"

고객님의 힘찬 인사 소리에 화들짝 놀라
의자에서 떨어질 뻔했지만 그래로 아무 일 없었다는 듯
미소 장착하고 고객님보다 더 크게 인사한다
아직 간밤의 열기가 빠지지 않은 구월의 아침
고객님의 주문을
따뜻한 커피를 아이스 커피로 만드는 실수를 한다
스스로 카페인이 부족하다 느끼는 순간
김이 시간 위에 앉아 깔깔 거린다
에스프레소 한잔이 더?
정신을 차리는데는 이만한 보약이 없다

물류창고는 매장에서 눈길이 가지 않는 안쪽 후미진 곳에 있다 직원들만이 드나드는 조금은 은밀한 곳이라 열대야에 지칠 때는 의자를 펼치고 충전 할 수 있는 유일한 곳이다

21년 1월 29일 금요일
난 드디어 사고쳤다

"누나 하필이면 왜 이때?"

팬더믹 세상 코로나바이러스의 공격으로 인간 세상이 휘청대고 있을 때라 누군가를 초대한다 함께 벽없이 마주앉아 이야기를 나눈다 모임을 한다는 것을 감히 엄두를 내지 못하던 때에 간 크게 개업을 한 것이다 누가 시킨 것도 아니었다 권하는 사람은 없고 말리는 사람만 있을 뿐이었다 점포를 오랫동안 비워 둘 수 없다며 내가 하겠다며 호기롭게 팔을 걷어 붙였다 사촌동생에게 카페를 시작한다 하니 누나 하필이면 왜 이 때에 개업하냐 한다

이 시기만 잘 넘기면 자리 잡을 수 있을 것이다 라는

아주 단순한 생각이 나와 손잡고 나를 이 오미마의 세상으로 이끌었다

21년 한해의 매출은 돌이켜보면 오히려 좋았다

팬더믹의 먹구름이 서서히 걷히고 사람들과의 접촉이 빈번해지기 시작하는 22년의 매출은 21년에 비해 터무니없이 떨어졌다 준비한 운영비로 3년을 버틸 수 있을까라는 의구심이 들 정도였다 우습게도 21년이 바닥이 아니었고 22년이 바닥이었던 것이다

살아남으려면 우선 고정비를 줄여야 했다 아르바이트생들의 근무시간을 줄이고 인원도 줄였다 그 빈 시간을 내가 채워보기로 했다 오픈과 마감에만 들어가 일을 하다 어느 순간엔 미들까지 투입이 되곤하였다

아르바이트생들의 시간당 인건비가 1만원을 초과하고 난 순간부터는 알바들의 빈 시간을 내가 메꾸어 갔다 땜방이라 했다

어떤 날엔 오픈 미들 마감까지 해야 되는 날도 있었다

인건비 오르고 물류비 오르고 생활물가 오르는 상황에서

오픈

미들

마감까지의 일은 각오까지도 필요 없게 되었다

당연하고 자연스러운 일이 되었다

오픈

미들

마감

관찰

포스기와 그라인드 커피머신이 일렬동선으로 세팅되어 일을 한다 주문을 받고 커피를 추출하고 그동안 뜨거운 물이 받히고 추출된 에스프레소를 넣으면 우리들의 최애 아메리카노가 된다 기기와 기기 사이엔 그것들의 굴곡만큼이나 틈이 있다 그 틈새로 매장의 고객님들도 보이고 드나드는 출입문도 보이고 하늘도 보인다

김의 레이더도 그 틈새로 움직인다 누군가 포착되었다

오후 4시 골프 가방을 메고 매장 앞을 오가는 한 사람

40대 후반에서 50대 초반쯤 나이의 남자 빛에 그을린 듯한 가무잡잡한 피부다

택시를 타고 오거나 누군가의 차에 동승하여 움직인다

벌써 3일째다

뭐 하는 사람일까

오늘은 보스턴 가방이 보이지 않는 걸 보면 스크린 골프 연습장이다

운동을 했음직한 몸놀림이며 약각 그을린 듯 한 얼굴은 골프 프로인가?

프로이면 아줌마들에게 인기 있음직해 보이는데?

옷입은 스타일이 맵시 있어 보이는데?

저 앞집에 사는 것은 분명한데 집주인네 가족이 아닌 것 또한 분명하다

(김은 저 집의 주인내외와 아들가족을 모두 알고 있다)

비 내린 아스팔트는 얼었다 녹아내린 눈 만큼의 젖음이 있고 사람들의 발걸음마저 뜸한

오후의 무료함이 졸음까지 초대하는 그런 날

김의 관찰 대상이 매장으로 훅 들어왔다 저 앵글밖에만 있는 사물이 생명체가 되어 내 코앞에 서 있으니 김

이 적잖이 당황한다 김을 놀라게 만들 심상이었으면 성공한 것이다

"라스베가스에 가면 이렇게 해 주던데 에스프레소 3샷 가능한가요?

그럼 컵은 따로 줄 수 있나요?"

관찰 대상이 말을 한다

에스프레소를 사면서 미국 라스베가스는 왜 대화에 넣을까

같이 온 일행에게 과시하고 싶은 걸까

죄송합니다만 저희 카페 운영방침 규정엔 곤란합니다

얼굴이나 몸에선 배어나지 않는 숙취가 말투엔 묻어나온다는 걸 느끼고 있던 순간이었다

한번 들으면 잊기 힘든 음성이다 밤에 길가다 어스름 불빛 아래에서 모르는 사람으로 만나면 그 목소리만으로도 충분히 주위를 소름들게 만들 수 있는 분이라 밝은 대낮에 아는 얼굴로 만나 정말 다행이다 그의 입에서 풀어 나오는 음색 위에 궁시렁 거리듯 생각을 적어가는데

그가 호탕하게 웃다

"사람들이 날보고 술마셨나 물어봐요 난 술 안마셨는데?"

무대위에서 독백을 치는 사람마냥 답을 기다리거나 반응을 기다리지는 않는 눈치다

흐느적거리는 뼈 없는 몸체로 매장을 한바퀴 빙도는 듯하더니 뭘 하나 놓치지 않으려는 듯 두루 두루 만지고 살핀다 그 모습이 영락없이 주유소 앞에서 춤추는 외다리 바람인형이다

김의 관찰대상

갈 길은 있었나 보다

핏빛보다 더 붉은색의 텀블러를 들고서 또 한바퀴 휙 돌고서는 문을 나선다

김은 눈치가 없는 편이다

그 다음 날 김은 또 그를 바라보고 섰다

괜찮아 곧 밤이 될테니깐

컴플레인 삭히기

더디게 흐르던 낮의 근무시간은 끝날 것이고
문을 잠그면 지친 하루를 마무리 할 시간이 올거야
계산대 밑에 숨겨둔 와인이랑 꺼내서 마실 생각일랑 접어둬
위스키도 안되지
마셔도 얼굴에 티 안난다 하지마
화는 그렇게 다루는 게 아니야

"자 내게 말해봐" 들어줄께

음료 종이컵을 마음대로 가져다 쓰고
빨대도 푹 집어가고

냅킨은 손아귀의 재주만큼 뒷주머니에 찔러 넣어 가고

캐릭터 컵홀더가 나오면 아이는 장난감 갖고 놀 듯 손목에 끼우고 어른은 방관하고

네 명 와서 음료 2개 시키곤 가방에 온갖 비축 식량을 꺼내서 나눠 먹고

여긴 왜 종이컵 비치해 두지 않냐구? 화를 내고

커피를 못 마셔서 주문 안 하겠다는데 왜 1인 1메뉴냐고

미리 공지 했냐

동네에서 이렇게 빡시게 장사하면 되냐

심지어는

매장 안을 너무 깨끗하게 관리한다

그럼 오는 사람이 부담스럽다고 한다

그래서 오늘은 좀 지쳐

내일을 위해 감정도 마감이라는 걸 해야 하는데

오늘은

좀 진한 한라산 소주가 그리운 날이다

빨간색 뚜껑을 힘껏 돌리면
솔잎 닮은 알콜향이 올라온다
1온즈
커피 1샷 정도의 양
손에 잡힌 것이 소주잔인지 샷그라스인지는 모르겠다
첫 잔은 완샷이다
두 번째 잔은?
한꺼번에 다 마시면 좀 아쉬우니깐
반씩 끊어서 마신다
마음 속에 삭힌 감정들이 입안으로 밀려 올라와
안주가 되어준다
약간 덜 마른 피데기 마냥 씹기에 안성마춤이다
질겅 질겅 단맛이 나올 때까지 씹는다

어둠이 내려와 귓가에 속삭인다
자 하늘을 봐 별이 떴잖아
하루가 지나가고 있어
지나간 시간은 보내주자 곧 아침이 올거니깐
오늘도 참 잘 이겨냈어
잘 보낸거야

고생 많았어

김은 창틀에 올려뒀던 빨간 뚜껑을 찾아 잠근다

그럴 수도 있지

작년까지만 하더라도 그는 완벽하고 늘 위엄 있고 어디에서나 존경받고 아무도 그의 비밀을 알 수 없을 만큼 불가해한 존재였다

부인이 잠시 자리를 비운 사이에 그는 핸드폰 삼매경에 빠졌다

늘 위치가 있던 남자 늘 지시만 하던 남자 늘 모심을 받던 남자였다

은행일을 한 번도 해 본 적이 없는 남자
아이들 학교에 한 번도 가 본 적이 없는 남자
이삿짐을 한 번도 꾸려 본 적이 없는 남자
회사라는 테두리에선 최고의 남자

그리고

은퇴 후의 삶은 햇병아리인 남자

세탁기 돌리는 걸 배워야 하고

밥 안치는 걸 배워야 하고

설거지하기

이 남자는 배우는 중이다

카페 매너 또한 그렇다

탁 차르르

컵이 넘어지고 그 속에 든 얼음이 떨어지는 소리다

아 사고다

우리의 메이트 은지가 잽싸게 닦을 준비를 한다

그 남자는 한눈을 팔다 부인의 음료를 넘어 뜨렸다

고객님 자리를 좀 옮겨주실 수 있을까요?

그냥 그대로 닦으란다

핸드폰에 눈을 둔 채 상황은 파악 할 생각않고 와서 치운다하니 그냥 그대로 닦으란다

어디서 하던 습관인지는 알 수 없지만 쏟은 사람이 너

무 당당하다

서류를 들여다 보다 쏟아진 음료를 보며 여기 좀 치우자라고 전화기에 지시하고 의자만 뒤로 뺀 채 하던 행동의 발로인가

집 소파에서 TV를 보다 청소기 돌리니 비켜달라는 말에 두발만 달랑 들어 올리던 그 습관인가

그 행동의 출처는 알 수 없지만

매장에서 음료를 쏟고, 본인이 쏟은 음료를 서비스 차원에서 정리 해 드리겠다 그러니 자리를 옮겨달라는 말에 그냥 닦으라 이건 너무도 황당해서 더 이상의 말이 나오지 않았다 그 손님의 발밑에 쏟아진 얼음과 음료를 무릎 꿇으며 치워야 하는데 말이다

어느새가 그 남자의 여자가 곁에 와서 섰다

내가 커피를 쏟았어 남자의 한마디에

그럴 수 있지 여자가 말한다

은지는 대학 새내기 학번이다

부모에게서 독립하기 위해 아르바이트를 시작한다 했다

스무살도 채 되지 않은 이 친구에게

부모와 비슷한 연배로 보이는 두 분의 대화와 행동이 어떻게 보였을까

나이 든 남자 어른이 자리에 앉아서 그대로 치우라는 한마디에

은지가 쓰레받기와 빗자루를 들고 어쩔 줄 몰라한다

그 모습에 김이 나서서 뒷정리를 한다

어른들도 실수를 한단다

어쩌면 젊은이들보다 더 많은 실수를 할 수 있다

김이 어른이랍시고

붉어졌던 얼굴을 만지고 있던 은지에게 변명을 한다

입을 쭈욱 빼밀며 조용히 궁시렁거리는 은지의 말이 김의 가슴에 비수처럼 꽂힌다

어른이면 어른답게 실수를 해결하는 모습도 보여줘야지 앉아서 그냥 닦으라

MZ세대 친구들 할 이야기를 숨기지 않는다

카페 매너를 배워야 하는 사람은 왕관이 있던 그 남자

뿐 아니다

그럴 수 있다 생각하던 그 남자의 여자도 마찬가지다

그 새는

한 마리의 새가 조용히 물 위로 내려앉는것 같더니 물고기를 낚아채어 오른다

그 새의 두 발에 채인 물고기는 퍼득이며 발버둥을 친다

날개 짓을 두어번 쓰윽 쓰윽 하던 그 새는 고개를 아래로 떨구어 발가락에 끼인 먹이를 보는가 싶더니, 이내 부리 속으로 집어 넣는다

저녁 8시가 지나면 테이크 아웃 고객님이 주를 이룬다 매장은 한산하고 김은 조용히 마감을 준비한다 그런 시간에 한 여인이 카페를 방문했다 누군가를 기다리는 듯 테이블 두 개를 붙이고 책자들을 세팅한다

커피잔을 들고 주변의 소음마저 가라앉히는 재주가 있는 이 여인은 자신의 배를 불려줄

이 달의 매출을 마무리 지워 줄 자신의 먹잇감

물고기와 같은 한 여인을 기다리고 있었다

김에게 미소를 보내며 마감 시간 지났지만

딱 10분만 더~ 를 부탁한다

청바지에 검은 상의를 입은 여인이 들어선다

마감만이 남겨 놓은 시간이라 매장 안은 두 여인의 대화가 잘 들린다

나의 카드 한도는 이 정도이다 나는 지금 지푸라기라도 잡는 심정으로 이 교재를 활용해서 학원의 매출을 올려야한다 난 당신의 먹이가 될 준비가 되어 있다

그러나 생각보다 금액이 높다

하늘을 배회하다 사냥감을 찾아 여기로 들어온 그 새는 36개월 할부까지 가능하단다 내일이면 이런 혜택도 없단다 지금은 저녁 9시가 넘은 시간이지만 물고기님을 위해 기꺼이 사무실에 방문해서 주문을 마무리지어드리겠다 한다

몇 번을 망설이다 카드를 긋는다

검은 옷의 그녀
물고기

그 새는 물고기를 낚아채고 미련없이 떠났다 날면서 두발로 먹이를 입안으로 집어넣는 재주까지 있었다

그 여인
먹이가 든 서류 가방을 챙겨 들고 서둘러 그러나 물고기가 눈치를 차릴 수 없게 자리를 떠났다

기계치

두 손을 쫘악 펼쳐서 손가락 끝에 힘을 준다
펼쳐진 손아귀로 자신의 얼굴이 들어간다는 것에 김은 새삼 놀란다

엄지는 턱 밑에 나머지 네손가락은 검지를 필두로 관자놀이 여행을 시작한다
팔자 주름까지 끌어올려 정수리로 기를 이동시킨다
머리가 써~언해 짐을 느끼며 한 번 또 한 번 힘껏 쓸어뒤로 넘긴다
몇 번을 더 하다 손을 멈춘다

kiosk

키오스크 말이예요 어렵게 생각할 것 없어요
그냥 컴퓨터라 생각하면 되요

그래서
고객님이 바코드 인식이 안 된다 했을때
컴퓨터와 같다는 생각에

슈퍼바이저가 일러 준 대로 한번 껐다 켰다
여전히 바코드 인식이 안됐다
이 번엔 랜선을 빽다가 다시 꽂았다

그리하였는데 그리하였을 뿐인데
10시간 가까이 키오를 쓰지 못하는 상황이 초래되었다
핸드폰도 아닌 것이 비행모드가 됐고
원격조정도 안되었다

기계치인 김

일단 통신업체를 불러본다

그 기사님 인터넷 통신은 문제가 없단다
본사로 긴급타진한다
급해요
키오스크가 구동이 되지않아요
긴급으로 내려온 키오스크 기사님
"누가 다녀갔어요? 선이 엉망으로 꽂혀 있어요"

오늘요?
바코드 인식을 활성화 시키기 위해 껐다가 다시 키구요
모뎀 선을 뺏다 다시 끼웠지요 그거 끼울 때 모뎀 위치가 너무 힘든 곳에 있긴 했어요
그럼 인터넷 모뎀은요?
아 그건 인터넷 기사님이?
설마 그 기사님도 기계치?
김은 그렇다고 치고
그 인터넷 기사님은 왜?
인터넷 모뎀선을 다른 곳에 꼽았을까

이젠 잘 되요
키오스크 세팅 후 테스트까지 5분 정도 걸렸을까?

이젠 홀가분한 기분으로 하루를 마무리 할 수 있을 것 같다

스피커 출력을 높이고
기계치 몸치이지만 몸을 노래에 맡긴다
머리부터 발끝까지 마구 흔들어 댄다
오늘의 일이 액이라도 되는 듯 그 액을 떨구어 버리려는 듯
이마에 땀이 송글히 맺힐 때야 비로소 멈추고 마감을 시작한다

“카페일이라는 게 환상속의 노가다입니다”
누군가의 입에서 나온 말이다
멈춰 버린 그라인드를 위해 드라이버 들어야하고
키오스크 결제가 멈추면 재부팅을 위해서 뽑은 랜선 들고 바닥을 기어야 하고
아이스크림기기 분해는 또 얼마나 자주해야 하는지

기계치의 일상은 늘 고되기만 하다

끝날때까지 소리가 멈추면 안됩니다!

소리를 내지 않는다고 말해서 멈춘건데 멈추면 안된단다

난 북채를 들었다 북소리가 좋아 가부좌 튼 무릎 위에 북을 올려놓고 치는 악기를 선택해서 배우기로 하였다 북 장고 꽹과리 징으로 된 4개의 악기로만 형성된 사물은 소리를 내지 않는다해서 멈추는 것이 아니란다 작게 아주작게 소리를 내는 것이란다 음악이 끝났을 때 비로소 모든 것을 멈추는것이란다

저 아이가 그런다

잠시도 멈추지를 않는다 그의 음악의 문을 열었나보다

차를 세우더니 뒷 자석에서 그 차만큼의 큰 가방을 꺼내더니 온갖 종류의 양말뭉치를 꺼낸다

철제 행거를 옮기고 양말을 진열한다 오십 평생을 살아오면서 저렇게 많은 다양한 모양의 양말종류가 있었다는 것을 새삼 실감하는 현장이다 색깔별로 모양별로 진열한다

삼십분이나 지났을까? 잠시 자리에 앉아 주변 움직임을 관찰하는 듯하더니 또 일어나서 이것 저것 만지작거린다 양말 한가지 품목인데 진열하는데 많은 시간을 투자하는 듯하여 길지도 않은 목을 최대한 빼서 관찰하기 시작했다 흰뭉치를 들었다가 노란뭉치를 들고 또 초록줄이 있는 뭉치를 들었다가 제자리에 놓는다

사과노점 영감처럼 좌판 판대기와 박스를 아무렇게나 펼치고

영화감독 의자처럼 생겼지만 뒷판에 이름표가 없는 그런 의자를 갖다 두고 앉아

뒷주머니에서 꺼낸 담배한대 꼬나물고 오가는 행인들의 길을 막으며

풍경 감상하며 있으면 본인의 두 다리와 몸은 편할 텐데

그럴것인데

그는 움직인다

손님인듯 주인인 듯 들었다 놓았다 진열했다 내렸다를 반복한다.

커피 그라인드 2개 사이로 보이는 세상의 창은 오늘은 그가 주인공이다

매장으로 들어서는 손님의 인기척에 난 본업으로 돌아가고 5분이나 지났을까?

그의 매대에 드디어 손님이 붙었다

올 블랙슈트(기대마라 실상은 늘어진 츄리닝이다)로 장착한 그는 그 손님 옆에 딱 붙어선다 손님이 가시고도 움직임을 멈추지 않는다 양말 꾸러미를 만지는가 싶더니 발목모형이 신은 양말을 바꿔 신기는가 싶더니 양말 한 짝을 들고서 지나는 영감님과 대화를 시도한다 풀었던 보따리를 다시 싸는 그 순간까지 멈추질 않고 움직인다

보따리를 차에 싣는 순간에 그의 연주는 마무리가 되었다

그리고 난 나의 커피 머신 앞에 붙어선다 헤즐럿 아메리카노를 만들어야한다

난 아직 연주시간이 많이 남았다

네가 봄이야

3월이라 이곳 저곳에 꽃 소식이 들려온다

매장 앞 소공원에는 청매화꽃이 올망 졸망 달렸다

심술궂은 김씨의 손 끝에 쥐어진 뾰족한 탱자가시로 꽃을 쓰윽 훑으면 톡 톡 작은 방울 터지는 소리가 들릴 것만 같다

"아침 산책 하시다 보면 흙냄새가 느껴지지 않으세요?"

겨우내 움츠렸던 생명들이 비를 맞고 위로 위로 쭈욱 뻗쳐 오면

덮혀 있던 흙도 놀라 잠에서 깨어나고, 자연스레 흙의 향이 올라오기도 한다

조금 전 커피를 포장해서 나가신 분의 발 끝에 흙냄새

가 나기도 한듯하여 인사말을 건냈더니

뭔 흙냄새가 나요? 한다

앗 차!

이분은 커피를 마시고 싶어 달리던 코스를 돌아서 여기 아침카페로 오신분인데

나무데크와 아스팔트위로만 달렸단다

다정님 등장이다

그 특유의 미소가 내가 봄이로소이다 한다

브레드 위에 달달한 카라멜 소스를 열심히 드리즐하고

시나몬파우더까지 팡팡 뿌려서 만족도 최상으로 끌어올려 드린다

맛있단다

당연한 피드백이지만 기분 좋다

차로 20분이나 이동하여 여기까지 오는 것에 감사하며 원하는 건 최대한 드릴려고 한다

다음 주에 또 오시겠다는 인사로 문을 나선다

아침부터 친구로부터 전화가 걸려와 그 전화통에 대고 한껏 들떠서 봄이 왔다 호들갑을 떨었다 전화기 저편

에서 침묵이 흐르더니 어느 포인트에서 봄이라 느껴야 하는가 묻는다

커피 산책 여인 시나몬

빵터지는 웃음소리가 요란하다

매장안으로까지 튀어 나온 듯하여 주변을 두리번거린다

모르겠어? 봄 기운이 어디서 나오는지?

내 생각엔

네가 봄이네 네가 봄이야

“네 목소리에 벌써 봄이 와 있다구”

눈팅

모임이 있어 밖으로 나오면 이상하게 문제가 생긴다 오늘도 점심식사 자리가 있어 매장을 비웠더니 어김없이 전화가 걸려온다

점장님 제빙기가 이상해요 노란 램프가 켜지고, 얼음이 만들어지지 않아요

분전함에서 제빙기 버튼을 확인하시구요 껐다가 1분 후에 다시 켜서 상태를 체크 해 볼께요

500명의 단톡방이 있다

같은 일을 하는 사람들의 단톡방

새내기부터 20년 가까이 이어 온 화석 같은 존재들이 함께 뒤섞여 있는 톡방이다

주로 새내기 점주들은 질문을 화석 점주들은 경험을 공유한다

매장은 생물이다

늘 살아 움직이고 다양한 일들이 발생한다

알바 고객 기기 서비스 신메뉴 컴플레인 물류 건강등등의 주제로

그럼

개업 5년차인 난?

나의 역할은 주변인 눈팅이다

오늘도 난 주변인으로서 역할에 충실히 임한다

새로운 정보가 나오면 캡처로 보관하고 필요한 것은 바로 매장에 적용한다

오늘의 메인 주제는 제빙기였다

"점주님들 질문 있습니다

제빙기 얼음 안 떨어질 때 쉽게 떨어지게 하는 방법이 있을까요?"

틀에서 안떨어 진다는 건가용?

얼음이 많이 두꺼운가요? 센서 조절 해 보세요

일단 떨어져야 할 수 있어서요

뜨거운 물로 녹여야 할 듯요
수동으로 녹이는 방법밖에 없나 보네요

청소 모드 누르세요 누군가 한마디 올린다
아, 청소모드

초보 점주는 한번쯤 겪었을 그들의 경험을 묻고 있다
경험을 통해 축적된 경우의 수는 전문가 못지 않다

나처럼 정수필터를 교환하고 물 레버를 열어놓지 않아 제빙기에 문제가 생겼던 것을 진단했던 것처럼 간간이 전문가의 도움 없이도 쉽게 해결할 수 있는 문제들이 있어서이다

P매장 어제 마감 후 얼음 떨어지는 걸 확인하지 않았단다

오늘 켰더니 안 떨어지네요 한다.

한 겨울 카페매장 금요일 아침10시 날씨 맑음이다

겨울이긴 하지만 얼음은 필수 재료인데

지금이라도 준비하면 영업하는 데는 별 무리가 없긴 하다

주말이면 출장비가 많이 오른다

가벼운 문제라도 주말이 되기전에 해결하는 게 현명하다

오늘은 금요일주말 야간이면 AS할증료가 있어요 빠르게 문의해봐요

센스조절

뜨거운 물

청소모드

정답은 청소모드에 있었단다 해결했다는 톡이 올라온다

톡방 점주님들 일들이 곧 나의일이다 앞다퉈 인사 나눈다

잘 해결되어서 다행이예요

대박나세요

참 좋은 하루 되세요

나의 제빙기도 안녕한가? 궁금해진다.

전원을 켜고 청진기로 내부를 체크하듯 귀를 가져다 댄다

움직임은 고요하고 얼음 떨어지는 소리는 명쾌하고

그 굵기는 적당하다

오늘도 잘해보자 넌 절대 아프면 안돼 알지?

뭉툭한 뚜껑이 머리인냥 쓰다듬으며 나의 마음을 주입한다

단골님 USA
7 o'clock

난 정말 외국인과 소통 잘한다

이 고객님은 매주 월요일이면 오셔서
아메리카노와 킬바사 핫도그를 드시고 가신다

오시는 시간은 들쑥 날쑥하지만
나가시는 시간은 일정하다

오랜만에 만나면
눈을 맞추며
롱타임~ 하신다
난 그 말을 또 알아 듣는다

그와 처음 만난 건
내가 뱉은
where are you from? 이었다
당황해 하면서도 u.s.a라 답했다

그는 늘 같은 시간에 나간다

오늘은
7 o'clock!!
나의 짓궂은 한마디에

웃으며 그는
예스
bye~
한다

당신도 N잡러 이십니까?

톡방을 기웃거리는 K
피크 치고 계십니까?

매장을 운영하다 보면 고객이 몰리는 시간대가 있다
밀려드는 주문, 대응하는 주방
목소리는 줄이고 눈빛 만으로 움직여야 하는 시간
주문서를 잘못 읽어서도 안되고
실수해도 안되는 시간
짧고 굵게 움직이는 시간
힘들지만 행복한 시간
이 시간대를 피크라 하고 피크친다 한다

오백여명이 가입 되어 있는 톡방이다

같은 업을 하는 공동체

나이 성별 지역 불문이다

자유 토론방이다

토론중인 주제에 의견을 올리기도 하지만

누군가 주제를 던지면 새로운 분위기가 자연스레 형성되기도 한다

점심에서 오후로 넘어 가는 시간

오전 일을 마친 K는 톡방이 조용하자

고개 쭈욱 빼는 이모티콘을 올린다

뭐하셔? 바쁘셔?

피크치고 있남?

많은 인원으로 연결된 오픈 톡방은

손가락 타이핑 틈을 열고 다른 이야기들이 올라오는 게 다반사다

투잡에 대한 이야기

텅장(텅빈 통장)이야기

배달이야기

저는 배달 시작요

저는 어제부터 대리운전요
최저시급은 올라서 인건비 비중은 더하지요
임대료는 내려가지 않지요
경기가 좋지 않으니깐 매출은 자꾸 곤두박질 하지요
게다가 생겼다 하면 왜 모두 카페인지
참 뜬금 없다 피크치고 있나 물었는데 모두 푸념이다
톡방이 조용히 자게 내버려 둘 걸 괜히 자는 사자의 콧털을 건드렸나?

이 시간 즈음이면
피크를 치고
설거지꺼리
오더 랙에 걸린 주문서
때론 머신기 앞에 주문서가 펼쳐진 채로
톡방을 도배하고
그리고 이어지는 한마디
대박집!

이걸 K는 은근 기대했었는데
오늘의 톡방은 겨울비가 내려서 그럴까?

비 먹은 칙칙한 모직 코트 분위기다

대학가에 매장을 갖고 있는 J는 배달 라이더를 투잡으로 한단다
H는 저는 사회복지사 공부를 해요
전 빵을 만드는 일을 해요
전 로또 맞추는 걸로 투잡이요

투 잡에 대한 이야기로 재미없게 지루하게 이어지던 그 사이를 비집고
설거지꺼리 가득 찬 주방 사진이 올라 온다
M의 매장이다
그래도 그에겐 피크가 있었다

우린 N잡러이기보다는 오미마를 감당하더라도 매출 좋은 매장이고 싶고 피크가 있는 매장이 부럽다

그 센느강의 플라타나스

매장엔 불특정 다수의 사람들이 오간다
유모차를 탄 아이부터 휠체어를 타고 오시는 어른까지
사람이 좋아서 이 일을 시작하였지만
또 그것 때문에 하루를 힘들어하며 지내기도 여러번이다

당연한 건 없었다

오늘도 미간에 힘이 잔뜩 들어감을 느낀다
커피 한 잔에
종이컵

내 아이 준비물이라며 한 웅큼 집어가는 빨대
땀 닦아야 하니 휴지를 달란다
한잔의 양이 많다고 나누어 마시겠다 컵을 달란다

더 이상 설명이 힘들어 멀찍이 떨어져 앉아 있으려니
손에 닿이는 컵은 양해도 없이 갖고 가서 이용한다
손님으로서 매장 운영선까지 넘었다
선을 넘었다
잘못되었다는 생각보다는 손님이라 당연하다 생각한다

그 당연하다는 단어가 그냥 먹기 힘든 고구마처럼 편치 않게 가슴팍을 파고든다
문을 활짝 열어 제낀다 11월의 냉랭한 바람이 나뭇잎을 매장 바닥에 올려놓는다

플라타나스 잎이 무수히 떨어진 센느 강변의 11월
숙소를 이동하기 위해 캐리어에 짐을 꾸려 지하철로 향했다
낯선 땅에서 실수하지 않으려는 몸의 모든 촉은 분산

되어 사방 끝으로 흩어지고 있었다

지하철 게이트 통과 되지 않는 짐

관광객이 많은 파리의 지하철 게이트는 당연히 캐리어 정도는 통과 될 것이라고 앞만보고 끌고 왔는데 캐리어가 끼어 버렸다 아무리 힘써도 통과되는 폭이 아니었다

벨을 눌러도 직원은 나타나지 않는다

지하철 도움벨을 누르면 당연히 누군가 답을 해야 하지만 그렇지 않았다

아야~

우습지 않니? 아침 출근길에 분주하게 움직이는 이들의 눈에 들어온

서양인 나라에 당연치 않은 동양인 두 명 그리고 게이트를 막아선 캐리어

당연히 캐리어는 통과되는 지하철 게이트가 되어야 하고 도움벨을 누르면 당연히 직원이 응답을 했어야 한다 는 것에는 생각이 변함이 없지만

10년도 더 지난 오늘 그 여행 시절의 영상을 돌리다

지하철역 어딘가에 이렇게 큰 짐은 엘리베이트를 이

용하라고 되어 있지 않았을까?

는 생각까지 이른다 우리는 그걸 놓쳤던 것이고 네가 떠나고 혼자 남아 있는 여기는 많이 춥다 나의 수다를 들어줄 네가 없어 더 추운지도 모르겠다

잘 지내냐? 거기서도 이 하늘은 보이지?

당연히 내 곁에 머무리라 생각했던 너가 여길 떠나 학교로 가겠다 할 때 말리지 않았던 것을 참 잘한 일이라 생각한다 카페는 젊은이들 문화라 이용객은 그들이 주를 이룰것이고 그래서 카페매너도 잘 형성되어 있고 나는 방긋 방긋 그들과 소통만 잘 하면 되리라 생각했는데 첫단추생각부터 잘못되었다 이 동네 카페는 다방에서 젊은이의 문화가 가미되고 진화되어 매너가 형성되고 있는 중으로 무엇보다 공중도덕이 필요한 장소였다 그런 곳이라 산전수전 공중전까지 모두 겪고 살아낸 나도 가끔은 사람들과의 부대낌이 힘들때가 있는데 넌 오죽하였을까?

카페를 쉽게 보고 덤볐던 내가 조금은 미안하다

내 카페는 당연히 내가 만들어 놓은 분위기에 맞는 사람들만 고객으로 자리잡을 줄 알았는데 그렇지 않은 사

람들이 더 많아 생속인 네가 받았을 아픔이 갸름이 되어 미안하다

그럼에도 불구하고 내가 1700여일이 넘는동안 이렇게 매장을 지키고 있는 것은 우리 매장에 맘을 나누는 분들이 훨씬 많다는 것이다

오늘은 고객님께서 김밥을 한 줄 건네시더라

아이가 소풍을 가서 김밥을 싸게 되었고 네가 생각나서 갖고 왔다고 하더라

대목탄다

8월엔 기온이 달아올랐다 식었다를 반복하더니 매출도 덩달아 올랐다 내렸다 불안한 랠리를 이어가다 그래도 연착륙으로 마감했다

9월이다

아직 곡소리가 날 때가 아니건만 매장마다 소리가 들려오기 시작했다 첫날부터 그냥 팍팍 떨어지는데요? 전달보다 30%정도 떨어질 듯 해요 우리도 예외는 아니었다 8월의 매출보다 그리고 작년 9월보다도 더 떨어졌다 작년 9월에 추석 대목이 끼여 있긴 했었다

이거 아무리 대목탄다 해도 좀 심하네요 대목을 좀 봐야하는데

단대목되면 많이 바쁘겠지요? 근데 이렇게 매출 빠지고 나면 단대목 때 올라봤자 전 달보다는 못해요

대목은 설 추석등 특별한 시기를 말하고 단매목은 그 특별한 시기 인접한 날을 이른다

대목탄다는 명절장사의 어려움을 나타내는 속어로 이용되는데

올 추석은 10월6일 월요일이고 오늘은 9월27일 토요일이다

매출은 대목타는 시기라서 그렇다고 위안을 받고 있지만

매장운영 인력마저 대목을 탈 줄 몰랐다

한 푼이라도 아껴서 매장을 운영해야 하는 터라 주15시간 미만 파트타임 고용제를 이용하는 게 최선이라 판단하고 이어오는데 10월3일에서 열흘간 이어지는 근무자들의 상황이 머리를 지근하게 만들고 있다 여행가는 친구와 가족과 중요한 일이 있어 빠진다는 친구 그리고 아이엄마라서 장남이라서 우리매장의 파트업무는 우선순위에서 밀리고 만다

이렇게 인력도 대목을 타는구나
연휴 3일간은 딸에게 의지하고
또 하루는 평일 친구의 근무시간을 옮겨서
나머지 땜방은 주말 친구의 근무를 평일로 옮겨서
일단 소나기는 피하고 가랑비는 우산 없이 걷기로 한다

아무리 가랑비라도 근무자 없이 매장을 둘 순 없는 데 그 시간 동안엔 어떻하냐고?
있지 내겐 비장의 무기가 있어
어떤 상황이 발생하더라도 굳건히 그 자리에 있는 한 사람
부르면 잽싸게 움직이는 사람
불러도 군말이 없는 사람
아파도 아프다 소리 지르지 않는 사람
진상을 만나도 웃는 사람
그 모습이 굳어져서 어떤 모습이 자신의 모습인지 모르는 사람
속도 없고 배알도 없는 사람
개도 먹지 않을 똥을 누는 사람

그 사람
매장의 최후의 보루
채우지 못한 시간은 모두 그의 몫이다

그것이 한 시간이든 하루가 되든 늘 마음의 각오를 하고 살아간다
오픈 미들 마감
오미마를 무서워 하지 않고 즐긴다
그렇게 그 사람은 대목을 타고 대목을 맞이하고
또 단대목에 기뻐한다

리코더소녀 영이

"카페에서 공부를 한다?" 이어폰끼고 하면 괜찮아요

공부를 해야 한다면 독서실이나 스터디카페 같은 곳으로 가서 칸막이의 보호를 받아야 한다고 생각하는 엄마는 아이의 카페행이 맘에 들지 않는다 아이의 생각은 엄마랑 다르다

조용해서 기침소리 어쩌다 일어나면서 의자가 내는 소리까지 미안한 그런 신경 쓰이는 장소보다는 적당한 소음이 있고 헤드폰에서 나오는 노래에 가끔씩 머리도 흔들어 볼 수 있는 곳이 아이는 좋다 그런 카페가 집중도 잘되고 맘이 편하다

아이는 다가온 하루를 중요한 순으로 정리해서 풀어보다 빈칸에 낚서 마냥 한 단어를 쓴다 마법의 성

하루를 선물 받기는 다른 사람들도 마찬가지라 산책하거나 뛰거나 무리지어 움직이며 소음을 만들어 내기에 분주하다 새들은 엉금거리며 움직이는 생명체를 먹이로 해치우고 소화시키느라 열심히 울어대는 아침 핸드폰 시간을 열어본 아이는 아직 20분의 여유가 있음을 확인하고 두 눈을 감는다 창을 통해 들어오는 맑은 공기를 빨아들여 곳곳의 말초신경까지 보낼 준비를 한다 맑고 깨끗한 아침 공기는 정안수 같은 역활이라 장독대에서 행하는 의식은 아니지만 침대에 누워 코를 벌름이며 빨아들이고 입을 헤벌려 내뱉기를 반복하며 하루의 안녕을 아이의 소원을 흘러 보낸다 나름의 루틴을 갖고 행하는 일과다

그리곤 그녀의 음악을 튼다

영이

절대음감 리코더 소녀의 녹음본

태어난 눈으로는 악보를 보기 힘들어 모두 외워서 연주할 수밖에 없다던

계단을 내려설 때면 허공으로 발을 저어서 높낮이를 확인하고 발을 딛곤 했다

그녀의 음악이 정안수 의식의 화룡점정이다 열린 창으로 앞다퉈 들어서는 소음에 맞설 수 있는 유일한 무기로 머릿속 목록에서 애써 찾아내어 재생 시킨다

영이가 내는 소리는 풀피리 소리보다는 두껍고 대나무로 만든 긴 악기보다는 가늘어 애잔하지도 서글프지도 않아 아침에 듣기에 딱 좋다 그날 카페에서 들었던 영이의 리코더에서 나온 소리는 본인만을 위해 만들어진 악보 같았다 마법의 성이라는 제목을 가진 노래였다

아이는 영이를 기다리고 있다 작년에 보았던 그녀의 소리가 올해도 바자회와 함께 버스킹의 형태로 진행될 예정이라는 것을 알게 되었다 머리카락은 더 짧아지고 눈은 수술하였다고한다 아이의 입꼬리 미소가 살짝 올라간다 찬물로 머리카락을 쓸어올리고 거울에 얼굴을 비춰 자신감 있는 하루를 맞이할 눈이 되었는지 확인한다

오늘도 아이는 카페에 갈 것이고 리코더로 녹음된 마법의 성을 들으며 라떼를 마실 것이다

올해도 9월이면 H올고 바자회는 진행 될 것이다

마음의 온기

커피 머신과 연결된 온수 노즐이 말을 듣지 않는다

물이 줄줄 흐르다 보니

온도는 내려가고

압도 떨어진다

일정한 압과 온도가 커피추출의 핵심인데 이들이 흔들리고 있다

금요일 저녁8시다

헬프미

커피머신의 동영상을 첨부한다

일단 주말만이라도 무사히 넘길 수 있게 응급처방이

라도 올라 오기를 간절히 바랬다

전화가 걸려왔다
제가 시키는 대로 해 보세요
버튼을 꾸욱 누르고 떼고를 반복하십니다
그러다가 물이 멈추는 순간이 오면 그 때부터는 만지지 마세요
자 지금 같이 해볼께요

점주님들 도와주세요 한마디만 손가락으로 올리면
득달같이 달려와서 해결책을 찾아준다
같이 싸워도 준다
같이 실컷 울어도 준다
같이 기뻐도 해 준다
여기의 날씨는 비가 내려요
여긴 먹구름입니다
손가락 리포터 덕에 지역의 날씨도 금방 알 수 있다
서울 도심에 장갑차가 나다녔을 때도 실시간 중계가 가능할 정도다

그러했었는데

톡방 500명의 입을 막아버리는 일이 발생했다

"왜 아침부터 이게 작동이 안 될까요?"
온수기 사진 한장
제주다
이 겨울에 온수기가 작동이 안 된단다
얼마 전 온수 노즐에 대한 황당함을 겪었던터라
제주 점주님의 맘이 백분 이해가 되긴 하는데
온수기와 커피머신
많이 다른 구조다

한겨울 설 연휴에 기기가 고장 나다니!
출장비도 비쌀텐데 답답함이 나의 움직임을 묶어 버린다
다들 위로가 될 만한 말을 찾고 있는 분위기다

돈이 있어야 사람 구실 할 수 있는 세상에서 말로 하는 위로가 뭔 현실적인 도움이 되겠냐만

이 힘든 시기

소상인으로 살아가기 쉽지 않은 이 때에

그래도

위로라는 것을 받고 마음에 온기를 채울 수 있는 곳이다

비까지 내린다

제주도 점주님 결국 온수기 거금을 들여서 수리를 하셨단다

나랏님 덕분에 긴 연휴로 이어져 배달정산금이 뒤로 밀린단다

한 푼이 아쉬운 우리인데

온수기 때문에 우시던 점주님 매장에서 배달주문서가 톡방에 사진으로 올라 온다

"나 힘내고, 잘하고 있어요 오늘도 같이 잘 해봐요"

우리가 도리어 위로를 받고 있었다

말이라는 게

“죄송합니다만 매장 내에서 외부 음식은 곤란합니다”
알맹이가 되어 테이블에 흩어진 땅콩 껍질을 보며 말씀을 드렸다

김은 자신의 말과 동작이 얼마나 영향을 끼쳤는지 모르고 있었다

뒤통수가 따가와졌음을 느꼈을 때야 비로소 한번 더 뒤를 돌아
고객들의 자리를 바라 보았다
어제도 다녀간 고객의 일행이라는 걸 아는 데는 시간이 얼마 걸리지 않았다

그녀의 눈이 김을 향하고 있었기에
말 할 때는 당당했는데 수습하기가 쉽지 않다

김은 틀리지 않았다
매장 운영의 룰에는 맞게 행동한 것이다
그러나 그들의 반응이 문제다
왜 이 매장만 별나게 이러냐고 항변한다
20개의 눈동자가 2개의 눈을 보며 네가 틀렸다 말한다

처음 보는 분이 다짜고짜
칼이나 가위 좀 빌려주세요 숫체 직원용 연필통을 가르키며 그 칼을 달란다
현수막 자르려는데 연장을 갖고 오지 않았단다
갈 때 커피를 사 가겠단다
뭔가
말이 앞뒤가 바뀌었음을 느낀다

여기 이중실선인데 주차를 하시면 안되지 않을까요?
저기 사과장사는 하는데, 나는 왜 안되요?한다

물론 둘다 법에 저촉된다

그러나 한쪽은 생계와 연관되어 관대해지고 한쪽은 아니라 그러한데

버럭, 너가 뭔데 그런말을 하냐는 투다

나는 점주였다 아니다 점주다 고객과 나는 같을수가 없다

그들이 틀리는 것은 괜찮고 내가 아니라고 말하는 것은 괜찮지 않다

이러는 사이 해는 지고 늘어지는 그림자 마냥 김의 상념은 깊어간다

매장음악

카페의 음악은 백색소음을 만드는 주재료이다

대중화된 노래 분위기 좋은 노래 100선 k-pop등을 이용하여 백색소음을 만든다

간혹은

고객이 원하신다면 장르를 바꾸어 매장에 틀어주기도 한다

특히 클래식을 원하신다면 더욱 그렇다

클래식 음악을 잘 모르지만

나의 경우엔 마음이 심란할 때는 그래도 이만한 게 없다

스피커를 통해 매장 안으로 내려앉는 연주는

고객의 발걸음처럼 지금 내리는 비처럼
매장 안의 대화처럼
때로는 개별적이고
때로는 신비로운 전체를 이루는 듯하여 종종 들여 드리곤 한다
드르렁 드르렁
코고는 소리가 들리기 전까지는
모든 것이 완벽했다

김*태

덩치는 산만한 녀석이 노트북 글자도 산만하게 크게 쓴다
카드 결제할 때는 손으로 기기를 더듬으며 찾아서 결제한다
이 녀석은 음료를 구매할 때
꼭 가격을 물어보고는
통장 잔고를 생각하는 듯 음~ 소리를 내고는 결제한다
나는 열심히 녀석의 눈을 맞추어 대화를 하려는데

그 녀석의 두 눈은 초점을 맞추지를 못한다
느릿 느릿 걷고 천천히 말하는 친구
이 음악에 기대어 잠들었다
코를 곤다
꿈까지 꾸며 자는 걸까?
깨우려고 일부러 옆 의자를 밀고 당겨도
옆 테이블을 삐걱삐걱 소리나게 빡빡 문질러 닦아도
반응이 없다 하는 수 없이 음악을 바꾼다

"GGGGGGG"

역시 넌

우하하

내가 이겼다

10시 오픈

정말 편한 시간이지만
경쟁력 없는 시간 10시

아파트단지에서 4차선을 건너면

봉황의 꼬리마냥 산맥이 길게 늘어진 곳에 길게 세 줄로 형성된 상가와 상가 주택이 있다

그 곳을 지나면 대구시 수목원이다 매장에서 수목원 입구까지는 1분 거리다

오후 6시가 지나면 수목원은 출입이 제한되고 수목들도 모두 쉴 준비를 한다

매장 불이 꺼지면 가로등은 유난히 환하게 빛나고 하루를 정리한 김의 얼굴이 드러난다

업무용 앞치마와 모자 그리고 마스크를 벗어 던진 그의 얼굴엔

사람들과 부대낀 하루가 이 시간만 되면 십 년은 더 나이 들어 보이게 만든다

와인이 허락되는 섣달그믐날 한잔하기로 했다 7시가 허락한 한 잔이다

평소라면 오전 7시 출근이라 꿈도 못 꾸지만 설날은 10시 오픈이라 한잔 정도 마셔도 된다

이건 보르도 지방에서 생산되는 와인인데 여기서 마을 이름까지 들어가면 더 비싸고 고급 와인이란다 디켄트에 부어 산소와 접하고

진수의 말에 음표가 생기더니 줄에 매달려 최면술사의 추처럼 움직인다 신나게 배웠나 보다

세팅 된 크리스탈 잔은 조명이 은은히 내려앉아 음영을 만들고

일과를 마친 김의 눈이 피로의 최면에 걸리 듯 서서히 뚜껑을 닿았다 열었다

횟수가 점 점 잦아 든다

내려 앉은 눈꺼플만큼이나 목소리도 두껍게 울린다

올 한 해도 무사히 잘 지냈다

입안에서 뱅글뱅글 돌던 씁쓸한 포도 맛이 계란 껍질

속 얇은 피막처럼 입안을 덮어버린다

두 잔은 거푸 마셨나?

어떻게 잠이 들었는지는 기억이 없다

몸에 베인 김의 습관만이 아침을 기억할 뿐이다

가볍게 머리칼을 털어 올리고 일찍 매장으로 향한다

안녕하세요 새해 복 많이 받으세요

10시 오픈 공지에도 불구하고 9시에 김의 시간을 뚫고 고객님이 오셨다

늘 웃으시며 매장을 이용하시는 분 오늘은 나보다 한 발 앞서 새해 덕담까지 건네신다

고객님께서 문을 나서고 커피향만이 매장에 가득 할 때 영상통화 벨이 울린다

몇 올 되지도 않은 머리카락에 핀을 꽂고 곱게 한복을 차려입은 한 살도 채 되지 않은 아이 그리고 그 아이의 엄마다

아이가 절하는지 그 엄마가 절하는지 모르겠지만 둘이 하나가 되어 엎드렸다

고사리 손 만져보지 못하고 터질듯한 빵빵한 두 뺨을

만져보지도 못하지만
그래도 반갑고 이뿌다

10시 오픈으로 세 시간의 쉼표 사이에 앉았던 음표가
전주를 시작하는가 하더니
매장의 시계가 바쁘다
연휴 이튿날
대목, 놓칠 수 없는 매출들이다
오늘 같은날은 쉬어야죠 하신다

그래서 푹 쉬었어요
열시에 오픈했답니다
새해 복 많이 받으세요

나의 정원

비가 멎고 빗방울의 여행도 끝났다
맑은 햇살이 나오는 듯하더니 더 약하고 느리게 더 내린다

수목원을 향해 걷는다
나무 데크와 시멘트로 만들어진 산책로
비가 와도
맨발이어도
걷기엔 별 무리가 없다

봄을 준비하는 목련나무의 끝만 바라보며 걷는다
나에게 봄은 목련이요

목련이 피어야 비로소 한 해가 다시 온 느낌이다

잘하려 했는데
고객의 감정섞인 차가운 말 한마디에
아침나절 부드럽던 마음이 서리 맞은 야채 마냥 주저앉는다
속으로만 삭히는 감정들이 한 개 두 개 쌓여간다
이러다 쌓인 감정들이
어느 순간에는 사람에 대한 방어기재로 작용 할 수도 있겠다라는 생각에 이르자
나도 모르게 몸을 떤다
목련처럼 솜털로 감싸고 고객을 대하면 좀 나으려나?

목련은 솜털로 꼬옥꼭 싸매 겨울을 난다
피우지 않은 목련
나무 끝에 매달리거나 휴식을 취하는 물방울이 잎맥을 따라 놀고 있다
매장에서 받은 감정을 동그랗게 반죽으로 만들어 물방울을 따라 굴려 본다
반죽들이 갑자기 높은 가지에서 점프하듯 털썩 내려

앉는다

다시 한번 올려 본다

작게 작게 아주 작게 만들어 물방울과 어울려 놀 수 있게 만든다

또르르 구르며 깔깔대며 같이 잎맥을 따라 놀다 멈춘다

그 끝에 목련 한송이 피고 있었다

돌아온 매장엔 반가운 얼굴들이 모여 앉았다

아메리카노 3잔과 제로 슈가 아이스티

한잔은 미지근하게 얼음 90g 추가

한잔은 달달하게 헤즐럿시럽 추가 3펌프

한잔은 미지근하고 달달하게 얼음 90g + 헤즐럿시럽 추가 3펌프

들고 날 때마다 인사를 주고 받는 이쁜 단골 가족이다

보이지 않으면 오늘은 아픈가?

집안에 일이 있는 건 아닌가? 걱정이 앞서는 그런 가족

오늘은 아이가 아끼는 스티커를 내 뺨에 붙여준다

목련 한송이

스티커 한 개

이것만으로도 오늘 하루 견뎌 낼 힘이 생긴다

배달주문

배달 주문 창을 보며 한참을 고민중이다
병음료와 과자 다행히 얼음컵 요청은 없었지만
배달주문을 이렇게 포장해서 보내면 1000원이 남는다
울리는 주문을 승인 하지 않은 채 점주들 톡방으로 시선을 옮긴다

어제는 김의 매장에서 문의가 올라왔다
샌드위치를 70개 주문받았는데
몇 시간이 걸릴지 포장은 어떻게 해야 할지 커팅은 해서 나가는 게 나을지
노하우를 방출하긴 했지만 셈이 빠른 그의 입꼬리가

커피잔을 외면하고 올라간다

브레드류는 마진율이 낮다 포장을 해서 배달까지 그리고 10% 서비스까지 줬다면 역마진까지도 갈 수 있는 상황임을 익히 알고 있어서다 만약 내게 샌드위치만 70개 주문 들어오면 배달해야 할까? 엄지로 입술 끝을 문지른다 모 대학 창업 센타로 배달간다고 하였나?

적자만 아니라면?

그래도 김이 시간내에 배달을 마무리 하긴 했나 보다

어제 고마웠다고 포장영상과 함께 톡을 올렸다

매출과 영업이익 배달이익은 투잡러인 내게 날마다 일어나는 고민이다

마드리드?

매장 한쪽에선 다섯 여인의 여행담에 왁자지껄하다

프라도미술관

그라나다

알함브라궁전

세비야

여행사 깃발 밑 단체여행을 다녀왔던 걸까?
다녀왔던 그 코스와 겹친다
커피잔의 소용돌이를 닮았던 톨레도
가죽점퍼와 검은모자 선그라스로 멋을 한껏 부렸던 친구들
장소와 분리되지 않은 모습으로 여인들의 대화 속에 분주히 따라다닌다
그의 가슴은 마치 여행계획에 함께 했던 일행 마냥 가볍게 두근 거린다

점주님 오더 어떻게 하실꺼예요
어느 새 왔는지 옆에서 알바생의 목소리가 한껏 올라간다
"클릭! 클릭!" 오더 받아야지!
내가 뭘하고 섰던거야
본사에서는 배달도 매장 취식만큼의 수익구조가 개선되기 위해 준비 중이라고 한다
다른 가게들보다 한발 앞서 가려면 이러면 안되지
배달과 매장의 메뉴가격 이원화 공지가 뜨고 개선날짜가 확정되면 열심하려던 생각을 고쳐먹기로 한다

비오면 올께요

정사각형의 블록들이 서로 맞물려 큰길까지 이어지는 6미터 폭의 도로

겨울엔 북유럽의 문양을 닮은 듯

꽃피는 계절엔 프로방스를 닮은 듯 한 이 길

사진으로 담으면 그런대로 느낌도 괜찮다

그런 곳에 느티나무 3그루가 간격을 두고 심겨져 있다

관리 손길이 닿지 못해 잡초와 아카시아와 담배꽁초까지 뒤섞여 있는 곳

바로 눈앞에 마주 서는 곳 매장 앞 인도다

시간을 두고 느티나무 주변을 한 개씩 해결하기로 했다

쓰레기를 치우고 아카시아나무 파내고 잡초도 한 개씩 뽑아 내었다

3년쯤 계속하시면 토양의 질도 많이 개선 될 거예요
우리집에 화초가 많은데 함께 해도 될까요?
그녀가 먼저 말을 건네 온 건 그 즈음이었다
승마하다 손을 다쳐 오른팔을 깁스한 상태인데
호미로 땅만 팔 수 있다면 행복하단다

"비 오면 올께요"
비 오는 날엔 장바구니 2개에 가득 담긴 화초를 갖고 왔다
바늘꽃 페튜니아 골드메리 아주가
호미질 한 번에 박힌 돌들이 재그러움 소리를 낸다
흙을 고르고 돌멩이를 들어내는 솜씨가 한 두번 한 모습이 아니다
어설픈 나의 손질과 가드너 같은 그녀의 움직임에
느티나무는 제법 식솔을 거느린 의젓한 대장으로 듬직히 섰다

6월 14일

몇 일 동안 잠잠하던 비가 참 달달하게 내린다

더위에 지쳐서 휘어진 가지, 타버린 나뭇잎들에 생기가 도는 모습이 역력하다

우산 없이 가벼운 점퍼만 입고 걸어도 좋을 것 같다

이런 날엔 어김없이 그녀가 다녀간다

일단 갖다 뒀는데요 시간 될 때 같이 심어요 한다

어디선가 솎아 온 듯한 화초들로 가득 담긴 것이 주차장 한 켠에 있다

내린 비 덕에 물기를 흠뻑 머금은 땅을 파고

화초를 심으면 평소에 쓰지 않던 다른 근육들도 좋아한다

마지막 작업으로 꽃 주변을 가볍게 꾸우꾹 눌러주고 물 샤워 끝내면

길 가던 이

카페에서 내다보던 이

마지막 작업 마치고 허리 펴던 그녀까지

물방울 머금은 미소가 퍼진다

빵춤 칼춤

라떼 스팀을 하다 오븐의 알람을 듣는다

딴 생각에 빠져 오븐에 빵이 들었다는 것을 놓쳤다

빵에 따라서는 제 시간에 오븐에서 나와야 최고의 맛을 내는 것이 있는데

개인적인 생각으로는 소금빵이 그러했다 오래두면 너무 딱딱해지는 까닭이다

나의 라떼스팀은 데워지다만채로 밀쳐져 있고 고객님의 메뉴를 먼저 세팅하여 드린다

좀 덜 데워진 우유지만 나의 에스프레소 추출 능력이 워낙 탁월한지라 후훗

에스프레소의 우유속 유영이 마치기도 전에 라떼의 맛과 향을 한 모금 하기도 전에

또 누군가 나의 아침시간을 밀고 들어선다

"안녕하세요? 고객님"

허니카라멜브레드와 아메리카노 2잔 세트 주문이다
카라멜소스로 맛나게 만드는 허니 카라멜브레드
5분이면 충분하다
왼손엔 집게 오른손엔 빵 칼 들고
어슬렁 어슬렁 덩실 덩실 몸을 움직인다
라떼가 맛나면 그 에너지가 춤으로 바뀐다
봄맞이 빵춤이다
빵춤은 엉덩이로만 살짝 표나지 않게 움직여야 한다

"나는 나는 빵장사~~ 맛나게 굽어 드릴께요
오븐에서 노릇노릇 굽어지면 카라멜소스 왔다 갔다 줄긋고
시나몬 파우더 팡 팡 뿌려요 휘핑크림이 빠지면 섭섭해요"

휘피에서 휘 익 소리를 내며 한바퀴 두바퀴 세바퀴 반

을 돌고 안착

예쁜 모란꽃을 피워요

그 위에 시나몬파우더 토핑, 모란의 수술이 만들어져
활짝 핀 꽃 모양이 된다

먹고 싶은 맛 찍고 싶은 비주얼이 완성되는 순간이다

고객님 주문하신 음료 나왔습니다 맛있게 드세요

봄이면 빵에도 꽃이 핀다

사과나무 장작

사과나무 장작엔 사과향이 난다
불에 태워지는 사과나무에서 사과향이 난다
사과를 구워 먹어 본 적 있었나
구워 먹어도 맛있을까

끝나지 않은 소설책을 한 손으로 들어 올리다 내리다를 반복하다 알람 소리를 듣는다
해가 뜨지 않은 6시 김은 언제나 그랬듯 집에서 나와 어두운 거리를 걷는다
뒷 골목 좁은 도로 차 한대가 대담한 속력으로 질주한다
어둠과 밝음을 가르려는 듯 속도는 공기를 가르지만

실은 아무일도 일어나지 않는다

매장 앞에 실없는 먼지만 일으킬뿐이다

오늘은 맑은 하늘에 바람이 적당하게 분단다

산책하기 좋은 날 가을은 끝나지 않았고 국화는 최고의 자태를 뽐내는 날이다

만추

청바지에 와인색 가죽점퍼를 입은 여인이 문을 열고 들어선다

조심스러워 보이는 손길과는 달리 발길은 성큼하다

에스프레소와 플레인 와플 한개를 주문한다

무라카미의 소설 '도시와 그 불확실한 벽'을 빼 들고는 자리로 향하다 눈이 마주친다

짧은 머리에 인상 좋은 미소를 띤다

무라카미 작가를 좋아하세요?

사과를 좋아해요 여기선 사과나무향이 난다고 들었어요 느껴 볼려구요

새벽나절까지 김이 보던 책을 들고 앉은 여인은

왼손의 엄지와 검지를 이용하여 소중하게 한 장 한 장을 넘긴다

은근히 추운 겨울이 오기를 기다리기도 한단다

황토방에 장작불을 지피긴 하지만 사과나무를 장작으로 써 보진 않았단다

농장에 사과나무가 다섯 그루 있어 가지치기도 하고 더러는 잘라내기도 해서 제법 쌓이긴 하지만 그냥 던져 두었단다

보던 책 너머로 안경 벗은 눈이 반짝이며 말을 건네온다

다음 주 부터는 추워진대요

사과나무들을 모아서 처마 밑으로 모아야겠어요

사과나무를 장작으로 쓰면 진짜 사과향이 날까요?

예보에 미루어보자면 다음 주부터 기온이 영하권 언저리까지 내려간단다

소나무 장작

참나무 장작

사과나무 장작

글램핑 캠프 화이어

장작불

무심코 불멍만하고 왔었다

김은 다시 글램핑을 예약하고 있다

이번엔 사과나무 장작을 싣고 가려한다

삼선슬리퍼

대기 의자에 앉아 계시는데

바로 코앞에 앉으셨는데 불러도 반응이 없으시다

하는 수 없이 매장으로 나가 살짝 터치 하려는데 너무 화들짝 놀라신다

젊고 목소리나 행동에서 아무런 불편한 징후를 느낄 수 없었는데

아프구나

아침으로 먹으려 죽을 넣고 블루베리를 넣고 5분을 세팅한

전자렌지 문을 열다 놀라서 한 발 뒤로 물러선다

그릇과 바닥이 온통 보라색물의 끈적한 액체들로 덮

혀져있다

여유 공간이 충분한 볼에 뚜껑을 덮었는데

블루베리가 터져 전자렌지 바닥을 그의 안토시아닌색으로 덮어 버렸다

사람도 내용물도 숨 쉴 한 줄이 필요한데 밀폐 뚜껑을 덮어 놓으니 안에서 터져버린 것이다 그런 와중에 왼발이 오른쪽 슬리퍼를 댕겨 올려 나의 애착 삼선슬리퍼도 터졌다

이것도 터지고

저것도 터지고

교대 10분전

저만치 교대자의 자전거가 보인다

손을 길게 뻗어 교대자에게 신호를 남기곤 매장을 벗어난다

누군가 나를 부르는 소리를 들었던 것도 나를 향해 손짓하는 걸 본 것도 같긴 하지만

난 본 것도 들은 것도 없다

붙들리면 족쇄가 채여 다시는 그 곳에서 벗어날 수 없는 이처럼 서둘러 벗어나 택시를 탄다

매장을 뒤로하고 호기롭게 도착한 곳이 겨우 네일아트다

마음 같아서는 화려한 네일 아트를 하고 귀걸이도 반짝이로 치렁 치렁 늘어지게 달아보고

삐뚤어진 모자도 쓰고 풍선이 시원하게 불어지는 껌도 씹어보고 쌓인 스트레스를 털어내고 싶지만

패디큐어로 만족하기로 하고 그냥 깨끗하게만 다듬어달라 요청한다

맘에 들지 않는다

오늘은 그런 날이다

뭘 해도 만족스러움이 부족한 날이다

따끈한 물에 발이 담기어지고, 눈이 가볍게 감기고 음악의 흐름대로 생각의 벽이 떠다닌다

관리사의 손끝이 발의 혈관의 긴장을 주욱죽 펴기 시작한다

얼마나 지났을까?

눈을 떴을 때 발 끝에 예쁜그림마저 그려져 있었다

'웬지 힘들어 보여서 제 맘을 살짝 그려드렸어요'한다

'요즘 자영업 다 힘들잖아요' 같이 힘내잔다

가볍게 마감까지 갈 수 있을 것 같다
다시 돌아온 나의 일터 이곳은 아침과 다른 곳이었다

소중한 6분

첫 손님은 15고객님 아메리카노 15잔을 선결제하시고 아침을 여시는 분이다 항상 따뜻한 아메리카노를 주문하셔서 문이 열리면 바로 샷을 추출한다

두 번째 손님도 따숩한 라떼와 베이글이다

산책 후 간단한 아침식사를 하시는 분이다

세번째 고객님은 북베어님

북베어(bear)란 닉네임에 걸맞게 심상찮은 체구를 가지고 계신다북베어는 그의 닉네임이다

어라 오늘은 파카도 입으셨네 음 기본적으로 찬 음료를 찾으시겠군

예상대로 아아(아이스아메리카노)와 쉐이크를 주문

하셨다

샷을 걸어두고 쉐이크를 준비한다

블렌드 우유 그리고 얼음

얼음

얼음

난 얼음을 찾고 있다

제빙기가 텅 비어있다

제빙기에 얼음이 없다

어제 마감 후 분명 얼음이 없다고 출근하자마자 제빙기를 가동해야 한다는 말을 들었건만

깜빡하고 말았다

이를 어쩌지?

스쿱으로 바닥에 있는 얼음까지 싹 싹 긁어 모아 무사히 음료를 제조해서 드리긴 했지만

이젠 진짜 얼음이 몇 톨 밖에 남아 있지 않다

서둘러 제빙기 버튼을 켰다

돌아라 돌아라 빨리 돌아라

얼음을, 얼음을 빨리 뱉어내라

얼음! 얼음!!

띵 똥

드뎌 나의 마법이 실행되는건가? 싶었는데

얼음소리가 아닌 주문기 소리였다

또 오셨다 분명 반가운 고객님이시다

메뉴를 선택하고 결제하는 그 짧은 시간에 마법의 주문을 이어간다

괜찮아요 많이 많이 주문하세요 당신은 분명 아이스 음료를 주문하실 것 같아요

베이커리도 같이 어때요?

떼는 걸음마다 주문을 걸어 본다

"빵 빵 주문 빵 빵 주문"

영수증이 출력됩니다

기계음이 멈추고 호흡도 따라 멈춘다

아이스 아메리카노 2잔 호떡 2개 선명하게 체크 된 주문서가 미끄러지 듯 나온다

오 예

이게 뭐라고 주먹까지 쥐어가며 소리없는 환호성을 지른다

호떡은 오븐에서 6분의 과정으로 굽어지고

소중한 얼음이 만들어질 시간 6분을 벌어 주었다

타앙

드디어 얼음이 떨어졌다 카페가 울릴 정도로 요란한 소리지만 오늘은 이 소리가 정겹게 들린다 오븐 안에서는 살짝 부풀려지면서 익어 가는 호떡

제빙기 안에서는 얼음 떨어지는 소리

매장 안에서는 도란 도란한 대화가 빚어내는 소리

카공족들의 책장 넘기는 소리

매장 앞에 차가 멈춘다 그 뒤로 또 한 대 건너편에도 한 대가 멈추는가 싶더니

17명인데 자리있어요? 하신다

이러고 앉아 있을 시간이 없다

스타마케팅

어떻게든 살아있어 TV에 나오는 멋진 사람으로 자라
엄마가 언제든지 널 볼 수 있게

중학생이었던 아이는 엄마가 떠나는 걸 막을 수 없었다
커다란 가방과 엄마의 유언과 같은 문장들만 기억 속에 자리 잡았다
아비의 술주정 폭행 추위를 피해 숨어든 파란집의 담벼락 아래에서도
목표는 늘 뚜렷했다
TV에 나오는 사람
엄마에게 보여주기 위해 엄마를 만나기 위해 TV에 나

오는 사람이 되자

그렇게 아들은 살아가고 있었다

김의 친구들 TV 드라마 이야기를 하다

아무래도 야도 엄마를 찾고 있는 갑다

유리창에 큼직히 붙여 있는 매장 모델을 보고 이르는 말이다

너무 많은 광고에 나온다

TV만 켜면 나온다

광고만 떴다면 이 사람이 나온다

매장 모델이 된 후로는

이 친구 광고만 떴다 하면 톡방에 사진이 오른다

여기서도 광고하네

관심과 인지도에서 타의 추종을 불허한다는 반증이다

김의 매장도 밖에서 보면 팬카페를 방불케 할 정도로 이 친구 포스터로 도배가 되어있다

실물 등신대를 비롯하여 상품에도 그 친구 얼굴이다

저녁 9시가 되면 동네는 인적이 뜸하고 주변의 불빛은 가로등만이 유일하다

두 손은 매장 마감으로 분주하다

그러다

김은 자신을 내려다 보는 사람과 얼굴을 마주쳤다

등신대다

수시로 눈을 마주치는 아크릴 포스터도 있다

누군가 지켜보고 있는 것 같은 으스스함도 있지만

혼자가 아니라는 안도감이 더 크다

이 모델

아침이면 더 반갑다

눈곱도 덜 떨어진 날 보며 상큼한 인사를 한다

어서 와

늘 한결같은 표정이다 이 또한 참 좋다

우리 모델 대박 나자

김은 오른 주먹을 불끈 쥐고 모델을 보며 파이팅을 외친다

"나도 대박나자!"

아이스크림 딸기라떼와 생딸기 크레이프

모자 등장이다

9살 정도 되어 보이는 남자아이가 불만 섞인 발걸음으로 엄마를 앞질러 키오스크 앞에 섰다

엄마가 키오스크에서 이것 저것 페이지를 넘기며 몇 가지를 권했지만, 구겨진 아이의 표정이 펴지지 않는다

녀석의 볼이 빵빵하니 부풀어 오른 것을 보니 뭔가 잔뜩 불만이다

엄마가 권하는 메뉴가 싫단다

그냥 묵어봐라

엄마의 목소리가 가볍게 잽을 날리고 주문서엔 생딸기 수건 크레이프와 아이스크림 딸기라떼가 찍힌다

흐르는 음악 사이로 간간이 뚝 뚝 끊겨 들려오는 모자의 대화에서

누나와 타퉜구나를 알 수 있었다

엄마의 메뉴 선택이 이유가 있었다

엄마가 권한 것을 녀석은 잘도 먹는다

얇디 얇은 크레이프지 안에는 크림과 딸기 콩포트가 꽉 차 있다

손질한 생딸기 2조각을 올리고 마법의 토핑도 함께 뿌려 준비한 생딸기 크레이프

아이스크림 한 스푼 뜨고 수건 크레이프 한입 물고 두 볼이 빵빵하다

점차 둘의 대화가 잔잔해진다

노래 소리는 음역대 걸림 없이 부드럽게 흐른다

아이스크림 딸기라떼 크레이프와 같은 달달한 음식은 뇌 속의 행복 에너지를 분비시킨다고 했던가

생딸기 크레이프 포장 주문이 들어왔다

엄마의 기지로 선택된 크레이프와 아이스크림을 먹은

아이는 기분이 좋아졌다

나 이거 누나 갖다 줄게 엄마 나중에 봐

엄마와 가방은 던져두고 사라졌다

신메뉴가 출시되어 매장에서 먹고 포장해 갈 정도이면 성공이다 이런 걸 히트라고 하나? 자주 나왔으면 좋겠다

아프다는 말도 사치가 된다

'저한테 기억나는 손님이 있어요'

그 날은요

할아버지 여럿이 음료를 주문하곤 여분 컵을 달라고 하시더라구요 따로 준비된 게 없다고 했더니 소주를 꺼내 병째 드셨어요 그 전엔 한 가족이 와서 음료를 두 잔 시키고 아빠로 보이는 분이 캔맥주를 꺼내 마셨었는데

청각장애가 있는 점주분이었다

불편한 몸이지만 시간을 활기차게 보내고 싶어 오픈한 매장이라 하였다

주문은 기기가 대신하고 간단한 응대는 우리말로 하

지만

단답형의 약간 어눌한 듯한 말투는 귀신같이 알아챈다

이 사람 외국인이거나 약간 아픈분이다 파악하는 순간

우위를 점령했다 생각하고 비겁한 행동을 일삼는 강약 약강의 사람들이 있더라고

지금은 물류 몽땅 털어 헐값에 넘기고, 새로운 일을 할 수 있는 시기가 올 때까지 기다리시는 중이다

간간이 아들이 와서 도와 줄 때도 있지만 아들이 없을 경우 혼자서 이끌어 갔다 하였다

카페인데

술 마시는 곳이 아닌 카페인데

막무가내로 술 마시는 분들까지 상대하느라 얼마나 힘드셨을까?

이 분 이렇게 담담히 말씀하시지만

우린 모두 안다 얼마나 힘든지

"그래서 매장에서 술 드시는 분들 어떻게 하셨어요?" 궁금해서 드리는 말씀입니다

"그냥 뒀어요 제가 어떻게 할 수 있겠어요"

그 점주님의 말에 카톡방에 적막이 흘렀다

내가 힘들다 매출이 너무 힘들다 이 말조차 오늘은 사치가 된다

나는 혼자다

봄빛이 완연한 4월은 온갖 생물들이 뛰어 다닌다
사람도 마찬가지다 나도 그렇다
블루베리밭에서 장화를 신고 뛰었다
운동화와는 달리 장화를 신으면 걸음걸이가 어눌해진다
간혹 밭에서 장화를 신어 본 사람이면 어그적거리는 걸음을 알 것이다
앞에서 나비가 날았나? 고양이를 봤던가?
나무 심겨진 골 사이를 한 눈 팔고 뛰다
뒷다리가 비닐하우스를 만들려 준비해 둔 철제봉에 걸려 냅다 엎어졌다
하늘은 노랗고 가슴은 숨쉬기도 힘든

일어날 수 없는 통증이 밀려 온 순간인데도
정신이 번쩍들며 머리가 맑아졌다
아픔은 잠깐이었다

누가 봤을까

엎드려 숨을 고르며 주위을 살폈다
다행히 아무도 알아 챈 이가 없었다
아무도 몰랐다 그러나
나는 알고 있었다

신발은 시커멓게 염색 되었고 잘못 디디면 미끌어 질 수 있고
빨리 처리하지 않으면 온 동네 벌레들이 다 모일 수 있다
고객님은 픽업대에서 나와 눈을 맞추며 '내 음료가 왜 더디냐'고 음소거 상태로 말하고
주문서는 계속 밀려 들어 왔다
초코 음료를 만들다 쏟아버린 주방바닥
초코로 도배가 되어버린 바닥

하필이면 오늘은 근로자의 날이고 알바는 없다

혼자서 수습하고 혼자서 주문서도 해결 해야 한다

밭에서 엎어졌을 때도 그랬다

누구도 본 사람은 없지만 통증을 느낄 겨를 없이 혼자 잽싸게 수습해야 했다

픽업대의 그 사람

나의 발갛게 상기된 얼굴과 허둥대는 모습에 사고가 있었음을 직감 할 수 있었을터

자체 음소거 상태로 상황을 지켜보고 있었다

침착하자 일단 이 바닥부터 해결하자

"고객님 죄송합니다

바닥에 음료가 쏟아져 이것부터 닦고 준비 해 드겠습니다"

감사하게도 모두 기다려 주셨다

딱 한 분만 빼고

악마와 천사

너만 알고 난 모르는 너
너는 모르고 나만 아는 너
너도 모르고 나도 모르는 너
너와 나 모두 아는 너
그 속에 악마가 존재하더라고 했다

"고객님 커피 나왔습니다"

남자가 음료 한 잔만 주문했다고 여자가 와서 음료를 받아 갔었고

고객님 두 분이시면 1인 1메뉴 부탁드리겠습니다

와플을 추가로 주문하였다고 당연한 듯 컵을 추가로 요청하였고

커피 한잔을 둘로 나눈다 와플도 남김없이 모두 드신다

물을 한 잔 더 마시고 가야겠단다 물 잔을 요청하신다

둘이라서 물 잔을 2개 달라셨다고

(너의 매장은 고집스럽게 물컵을 종이 컵 대신에 파란색이 칠해진 머그 컵을 쓴다고 했다)

싱크대에 담긴 컵이 6개 접시 하나 포크 2개 나이프 한 개

마음이 편치가 않더라고 했다

옆구리 한쪽에서 자꾸 뭔가 삐죽 삐죽 나오려고 하였다고

여인들 여럿이 테이블을 붙이고 의자를 옮긴다 비말방지용 가림막도 손쉽게 떼어버린다 무엇 때문에 저렇게 하는 걸까? 물 묻은 손만 정리하고 나가보려는데

주문 없이 매장만 마음대로 해체하여 흐트러 놓은 상태로 본인들의 가방들을 챙겨 떠났다고

너도 모르게 주술이 키오스크에서 주문서 출력되듯 멈춤없이 주룩주룩 흘러나오더라 하였지

콧김까지 씨익 씩 뿜으며 너가 알고 있는 나쁜 말 중에서 정제된 검은 단어를 마구 내뿜더라고

엎어져라

엎어져라

걸어가다 말뚝에 쾅 부딪혀라

사장님

언제 들어왔는지 아기천사 소희가 웃고 섰다

저 자전거 샀어요 자랑하려고 여기까지 왔어요 저 자전거 진짜 잘타요

젖살이 가득 찬 뺨이 자부심에 잔뜩 부풀려졌다

정말 대단하다 사장님은 자전거 아직 못 타는데

있는 힘껏 자전거 페달을 밟으며 왔던 길을 돌아가는 아이의 뒷 모습이 참 이뻤었다 하였지

그리고 그 시간 이후로

너의 하루도 참 좋았다고

알바 엄마

'당신 마음을 조금도 상하게 할 생각은 없었어요'

귀머거리처럼 침묵을 지켰는데 이는 일종의 긍정이자 카페 운영에 대한 자만심의 증거였다

김은 다른이들이 말을 마치기전에 이어가지 못하면 조바심이 나는 성격이다

그런 그가 귀머거리처럼 침묵을 지키기란 고양이 앞에 생선을 둔 것 마냥 힘들다

말하는 이의 문장 위에 자신의 생각을 덮지 않으면, 다리가 무너지기라도 하는 냥

대화의 말을 잠식시켜 버린다 졸지도 않은 상태에서 김이 귀머거리처럼 침묵을 지킨다는 것은 일 년에 한번

정도 있을 듯 한 아주 드문 일이다

알바 엄마와 30분 째 마주 앉아 있다

제가 그때는 미쳤나봐요

유니폼을 바닥에 패댕이 쳤던 일을 말한다

그녀의 아이는 대학생이었고, 카페매장의 마감일을 지원하였다

김은

나이 든 고객님도 많다는 것과 화장실 청소를 해야 한다는 것까지 재차 확인을 하였다

그럼에도 불구하고 알바는 출근하였다

첫 날은

첫 날은 그 애가 무슨 일을 할 수 있었겠나?

선임이 일을 설명하고 선임만이 일을 하였고 뒤에서 졸 졸 따라다니다 물이나 한 두차례 선임이 지정한 부위로 뿌려보고 퇴근하였다

그리고 다음날 알바를 그만 두겠다하였다

입었던 유니폼을 씻어와야하고 그 때 알바비(그날 무

슨 알바 일을 했는지 알 순 없지만 정말 슬픈일이다) 주겠다 하였는데 1분이 채 지나지 않아서 알바 엄마가 매장에 등장하여

지금 당장 알바비를 내어 놓으라 노동부에 고발하겠다

동네 장사를 이렇게 하느냐? 유니폼을 씻어오라 하느냐

패악을 부렸다

일요일 오후 3시였다

매장엔 손님들로 가득 차 있었고

그녀의 딸은 모든 사람들이 지켜보는 곳에 서 있었다

그녀가 언급하는 이 동네의 분들이 지켜보는 그 한가운데 그녀의 딸이 서 있었다

왜 딸을 화장실 청소를 시키냐고?

그녀의 딸과 주고 받았던 문자를 보여주며 이렇게 한번 더 언급하지 않았냐고?

그리고 그날은 당신의 딸은 선임을 따라다니며 바닥에 물 한 두번 부은 게 모두이고 전부다 라고, 선임이 화장실 청소를 하고 당신의 딸은 그 뒤를 졸졸 따라 다닌

것 밖에 없었는데라며

같이 언성을 높이며 말하고 싶었다

세상은 참 좁다 특히 우리나라 그 중에서도 유동 인구가 적은 지방은 더 좁다

한 사람만 건너면 모두 아는 사람이다 그 알바의 엄마 알 수도 있는 사람이었다

아마 그녀도 누군가를 통해 김을 알게 되었을 것이다

제가 그 때는 미쳤었나봐요

당신의 마음을 조금도 상하게 할 생각은 없었는데 그 날은 왜 그랬었는지

이렇게 마무리 되었더라면 그 알바 엄마는 정상적인 엄마로 기억에 남았을 것인데

그녀의 잔상은 떠올리고 싶지 않은 사진중에 한 장이 되어 있다

오후 4시

엄마들이 한 둘 집으로 돌아가는 시간
저녁 손님들이 몰려오기엔 좀 이른시간
햇살이 그림자를 쭈욱 늘이는 시간

막 교대업무를 시작한 김은 에너지가 충만하다
이런 시간이 오면 내가 많이 관대해지는 것을 느낀다
그때
추위를 많이 타는 친구가 왔었지 사다리차를 운영한다고 했어
학교 다닐 때 공부를 잘했으면 이러고 안 살 껀데 하더라
요즘은 고객님처럼 남들이 꺼리는 일이 사업이 잘 된

다던데요?

힘내세요

나의 에너지를 나눠줬어

연유 카페라떼 2샷 추가, 바닐라 시럽 추가

뽀로로 아기주스 2개

오후4시

일거리를 테이블에 펼친 아빠와 두 아이

짙은 카페인과 진한 달달함을 원하신 고객님께

아이들 참 이뻐요 아이들 금방 커요

힘내세요

거기도 에너지를 조금 떼내어 나눴지

메뉴판과 눈싸움이라도 하듯 5분 넘게 뚫어져라 바라보고 계시는 한 여인이 있었어

고객님 실례지만 찾으시는 메뉴가 있으세요?

에스프레소콘파냐 아인슈패너 비엔나커피등과 비슷한 느낌의 커피

아이스크림은 토핑은 노! 생크림 토핑 선택하신다

오트밀에

아인슈패너당도 에스프레소와 아메리카노의 중간 농도 따뜻하게

나도 참 대단하다 싶었어 그 고객님의 커스텀

그래도 아직 나눌 에너지가 있어서 침착하게 고객님 말씀에 귀기울이고

원하시는 음료를 만들어 드렸지

그림자가 길어져 대지를 덮는다 싶었는데 덩달아 나의 몸이 기대어 앉을 곳만 찾고 있는거야

에너지를 너무 많이 썼어

그때였어

출입문이 열리더니 나의 에너지를 담아 산책 가셨던 고객님,

그 고객님이 컵 반납을 구실로 들어오셔서 정말 맛있었다고 칭찬까지

마법사처럼 행복가루를 매장에 팍 팍 뿌려주시고 가셨어

커스텀이 만족스러우면 너무 좋아요

출근 이틀째인 유빈도 덩달아 신나 보였어

우리일이라는 것이 그렇더라
때론 고객들 땜에 힘들기도 하지만 고객님들 덕분에 하루 살아갈 힘을 얻어
오늘도 깜빡이며 충전을 요청했던 내 몸의 에너지가 고객님의 한마디에 어느새 충전되었지
열심히 마감할 힘을 얻었어

엄마는 이제 카드만 주면 되요

앞선 고객님의 주문이 계속 막혀 화면이 처음으로 돌아가기를 두어번이다

"할머니 제가 도와드릴까요?" 이거 쉬워요
지금은 적립을 하시겠냐 물어 보는 거구요
이젠 어떻게 결제를 하시겠냐 확인하는 거랍니다
여기선 현금 빼고 모두 할 수 있어요

재빠르게 할머니를 도와드리곤 엄마를 향해 얼굴을 돌린다
엄마는 이젠 카드만 주면 되요

엄마

누나

사촌들

합해서 일곱이다

키오스크는 셀프 계산기기다

여드름도 나지 않은 장난끼 많은 아이들이 주도권을 잡았다

난 버블흑당라떼

난 꿀복숭아 플랫치노

난 망고 플랫치노

난

난

2개의 에이드를 추가로 고른다

에이드 메인이 탄산이라는 것도 다 안다

실례지만 몇 학년일까요?

농구공을 든 친구는 2학년

다른 친구는 4학년

주문
장바구니 담기
결제하기

기성세대에게는 아직도 신물물이라 어렵기만 한데
우리 친구들한테는 식은 죽 먹기다
우리 친구들한테는 이 정도는 너무 쉽다
요즘 카페에서 어린 친구들을 자주 본다
앉아서 책을 보기도 하고 숙제를 하는 것 같기도 하다
어린 친구들이 오는 것도 반갑다
어린이부터 노인에 이르기까지 매장에 있다 보면
어른들의 거친 말도 부드러워지고
아이들도 욕설보다는 좀 더 조심스런 언어로 대화하는 걸 보게 된다

이 공간이 참 좋다

해피이야기

지팡이 남자 지팡이 든 남자 그런 모양 그런 목소리

나는 해피다 나의 이름은 해피

난 버려졌다 비를 싫어하는 내가 하필 봄비가 차갑게 내리던 4월에 버려졌다

지금은 좋은 주인을 만나서 품에 안겨서 다니는데

갓 입양되었을 때는 겁이 많아 짖기만 하고 꼬리는 바보처럼 축 쳐지고 구석만 찾아서 쪼그려 앉아있고

민망스럽게도 6개월 전엔 오줌까지 지렸다니깐

인간들은 지들의 유식한 언어로 트라우마라네?

날 유기견이라고 부르더라고 난 그게 나의 이름인 줄 알았어

나의 보호자 이름은 카페라떼 그의 딸 이름은 연유라떼야

텀블러라는 이름도 있지 근데 걔는 서열이 좀 낮아

엄밀히 말하면 나의 보호자는 날 입양한 보호자야

카페라떼는 나를 처음 보더니 이쁘다 하더라구 꼬질한 내가 이쁘대 그러곤 아가야 우리집으로 가자 하네? 실은 그때쯤 새로운 녀석이 보호소에 들어와서 엄청 울어되서 힘들때였는데 마침 인간이 나타나 날 이쁘다잖아 그래서 배낭 메고 밥 그릇 들고 따라 나섰어

카페라떼네 집은 내가 이렇게 사랑받고 살아도 괜찮나 할 정도로 좋아

밥 제때 줘요 안고 산책하지요 때때론 노래도 불러주지요 날마다 씻겨 준답니다(사실 이건 좀 귀찮어 때론 밥 먹고 그대로 뻗어 자고 싶은데 카페라떼가 꼭 이쁘게, 해피야~ 씻자 이러네 그래서 씻어 아니야 씻겨 준다 내가)

여기선 날 유기견이라 부르지 않고 해피라고 불러

해피 해피 이렇게 불러 주면 나도 모르게 흐흐 웃음이

나와

연유라떼는 카페라떼의 딸인데 다른 곳에서 직장생활을 해 오늘은 연유라떼가 오는날이야

연유라떼가 오면 내게 목줄을 채우고 카페라떼랑 같이 산책을 가는데 인간인데도 이쁘고 좋은 냄새가 나는데 아마도 내가 좋아하나봐! 산책후엔 꼭 어딘가 들어가더니 텀블러 두 개를 내밀며 여기엔 카페라떼 주시구요 여기엔 연유카페라떼 주세요라며 자기들것만 시켜서 집으로 돌아왔어 내가 피곤하다 싶으면 얼른 나를 안고 눈까지 가려주는데 얼마나 그게 따뜻한지

나도 모르게 엄마 좋아 끼잉 했다니깐

한번은 연유라떼 출근하고 카페라떼하고만 산책을 갔었는데

빌어먹을 갑자기 내가 온몸을 부들부들 떨고 지리고 있는 거야

카페라떼가 카드를 찾느라 나를 잠깐 내린 사이에 내가 뭘 봤을까?

그 때 그 영감? 나를 죽으라 패던 지팡이?

난 너무나 말쑥해진 해피로 바뀌어서 아무도 몰라 볼 것인데 설마 그 영감일리가 없는데

내가 울고 있었어 카페라떼와 눈이 마주치기 전까지

어쿠 해피야 이리와라

점퍼안으로 나를 쏘옥 집어 넣어

나는 또 그 따뜻함에 눈을 감고 잠이 들었어

해피는 유기견이예요 한 살 때 데리고 왔는데요

학대가 심했던가봐요 많이 좋아지긴 했는데 남자와 지팡이를 아직도 그렇게 무서워하네요

카페라떼는 내가 잠들었다 생각했는지 매장주인 여자랑 열심히 수다를 떨더라구 한번씩 들었던 매장 주인여자 목소리가 이어진 건 그 다음이었어

우리 인간들이 많이 잘못했네 다음번엔 멍푸치노 만들어서 해피에게 선물해야겠어요

인간 땜에 죽어 가지만 인간들 덕에 오늘도 살아 갈 맛이 난다

그냥 궈장 품에 안겨 다른 곳을 응시 할 뿐이다

밖에서 가볍게 강아지 짖는 소리가 들려 들렸다

해피네 가족이다

여기엔 연유카페라떼 여기엔 카페라떼를 담아주세요

텀블러 2개를 내미신다

이젠 해피가 짖기도 하네요

여기 카페 오는 것도 루틴이 되어서 지나치면 짖는답니다

해피는 유기견보호소에서 입양되었다 했다

아직도 남자 스틱 스틱을 든 남자를 보면 떨면서 불안해한단다

아파트에서는 곧잘 노는데 산책만 나오면 힘들어해서 입양하고 한동안은 외부의 스트레스로부터 보호하느라 많은 고생을 했다하였다

이곳은 수목원이 지척이라 산책하는 사람들이 다른 동네보다도 많다 아침나절이면 특히 어른들이 많고 지팡이 든 남자분도 많다 그 중에 지팡이 든 남자분을 보게 되면 오줌까지 지리는데 갑자기 적색경보 발령이다 전방 5미터 지팡이 든 남자 출현이다 판쵸를 펼쳐 해피의 눈을 가린다 휴우 통과

이번에도 남자가 다가온다 황색경보 황색경보

무사 통과 오늘도 산책은 쉽지않다

산책을 어려워하는 해피 사람을 무서워했고 그럴때마다 숨을 공간이 필요해 품이 큰 바람막이는 필수였다 이제 막 두 살이 된 해피는 1년 전까지만 해도 유기견이었다

가족들의 따뜻한 보살핌 덕에 6개월이 지난 지금은 엄마품에 안겨 라떼를 사러 간단다

매장에 처음 방문했을때도 불안하고 어색해하던 해피였는데

이젠 주인장과 인사도 하고 느긋하게 카페를 둘러보기도 한다

이젠 해피님도 라떼를 먹을 때가 되었습니다

멍푸치노 어때?

해피

해피

우리의 해피는 카페 쥔장이 열심히 불러도 정말 도도하게 얼굴을 딴 곳으로 향한다

쥐장님 아무리 열심히 해피를 불러도 당신은 우리 가
족 다음 순위예요
서열이 낮아요

이상한 나라의 주미니

아 맞다! 이 언니다
목소리 들으니깐 딱 알겠네
머리카락을 잘랐구먼

긴 하루의 무료함이 슬슬 밀려드는 늦은 오후

에어콘 공기로 꽉 찬 매장을 환기 시키고 있는 나의 모습을 발견한 두 분이 나누는 말이다

사람 보는 눈썰미 없는 나는 한동안 머리를 데굴 데굴 굴리며 한발 물러선다

대체 어디서 봤을까? 누구일까?

코앞까지 다가온 그 머리들이 내게 핸드폰을 쑥 내민다 요거 요거 만들어서 커피 줘야지

핸드폰을 톡톡치며 요거 요거 만들어서를 반복하신다
요거 요거라는 것은 바탕화면에 신발그림이 그려진 캐시 워크라는 앱을 가르킨다 걸어서 포인트 모으기 광고 보고 포인트 모으기 그렇게 열심히 모은 포인트로 우리매장 커피와 음료를 드시겠다는 말씀이었다

고객님으로부터 받아 든 핸드폰은 많이 낯설었다 어눌하기는 고객님이나 비슷하지만 내게 내밀어진 핸드폰이라 과제를 부여 받은냥 열심히 찾아서 고객님의 주문을 완성시켜 드린다

블루베리드링크 2잔이랑 커피믹스2개

고객님 그런데 4000원 차액이 발생됩니다

어떻할까요?

가만 있어봐

카드를 내미신다

거기에 민생 소비 쿠폰이 들어있단다 한 번도 안 써봤는데 여기서 사용하시겠단다

매장을 채우고 앉은 사람들의 대화는 중첩 삼첩되어 노래소리와 뒤엉키어 돌아간다 에어컨에 달린 프로펠러

에 의해 문장이 단어로 음절로 잘리듯 시끄럽기만 할 뿐 이해 되지 않는 웅성거림으로 매장을 메우는데 이분들은 두 손 안에 컵을 넣고 가만히 앉아 있을뿐이다

오로지 목적이 커피믹스 한통 사고 음료를 마시기 위해 나선 것 마냥 대화없이 음료 한번 마시고 밖 한번 바라보기를 반복하시더니 자리를 털고 일어선다

잘 마시고 가요

매장에서도 1원 5원 10원 50원의 동전은 잘 거래 되지 않는다

1년에 한 두 번 정도 있을까 말까 할 정도다

이 작은 돈들이 쿠폰으로 사이버머니로 포인트라는 명목으로 웹상에 떠 다닌다

잠자리채로 이것들을 잘 낚아채면 간식비용으로는 충분히 쏠쏠한데 그 두 분은 본인들이 자각하지 못하는 사이에 벌써 그 세상에 들어와 계신다

우리의 주미니는 잠자리채의 달인이다 본인이 무엇을 하는지 잘 안다

이 여인은 카페의 이벤트를 잘 활용한다 쿠폰을 몇 개

나 모아왔는지 키오스크 앞에서 10분이나 매미처럼 붙어서 두 눈은 열심히 폰과 기기로 오가고 그 명령을 받은 손은 열심히 움직인다 그녀가 공부방을 운영한다고 할 때 내가 수학과목일거라 짐작한것도 그와 맥락을 같이 한다 눈으로 500원에서 3200원으로 엉켜있는 쿠폰을 이용하여 10만원 이상의 음료를 금액 맞추어 구매하는 것은 우리 나이에 훈련되어 온 사람만이 가능하다 보았기 때문이다

특별한 행동을 보인 주미니를 지켜보는 나의 시선을 눈치 챈 그녀와는 아이스 브레이킹의 대화를 하다 친밀감이 형성되었다 어차피 홍보나 마케팅비용으로 책정되어 쿠폰이 발행된것인데 내가 아니면 누군가가 쓸 것이라 본인이 야금 야금 챙겨서 이렇게 쓴다는 개똥철학으로 늘 자신을 합리화했던 그녀다

그러고 그녀는 떠났다 먼 곳으로 이사간다 하였다

조금은 까칠한 엄마가 좋다

나는 한복을 곱게 차려 입고 차를 우려내고 음미하며 차와 인생을 논하는 모임을 정기적으로 하고 있다 항상 차를 우려낼 도구와 맛난 다식이 들어있는 커다란 가방을 들고 다닌다 다식용으로 만든 과자는 카페에서 같이 나눠 먹으면 더 좋을듯하니 가방에 넉넉히 챙긴다 음료가 나오기 전부터 테이블을 내 맘대로 세팅하고 우아하게 자리를 잡는다 여섯명인데 음료는 4잔만 주문한다

왜 4잔이냐고 눈치 없는 형식네가 묻는다

내가 물도 갖고 왔으니깐 이 종이컵에 부어서 나눠 먹으면 되지

4잔 시켰으면 됐지 뭐 추가로 더 시키냐고 내가 큰소리쳤다 내가 목소리가 좀 커서 형식네는 입을 꾸욱 닫

는다

다식으로 꿀떡 고구마 유과등으로 내가 좀 이쁘게 세팅을 했다

우와 이쁘다 다들 조용히 표정으로만 말한다 속으로는 환호성을 질렀을 거야 세팅에 대한 반응이 나의 기대엔 못미쳐 아쉽지만 그것까지 신경쓰기엔 난 바쁘다 집에서 포크랑 물휴지랑 갖고 온다는 것을 깜빡했네

기다려봐 바쁜 카운터에 가서 포크와 나눔 접시를 달라고 갖고 왔다 형식네가 또 눈치없이 묻는다 바쁜거 같던데 괜찮았어? 사장 표정이 살짝 어두워 보이기는 했는데 그건 컨디션이 안 좋아서 그럴 거야

꿀떡을 자르다 손끝에 묻었는데 뭐 이 정도야! 테이블 밑에 슬쩍이 닦는다

점심 먹고 한 시경에 들어가서 세 시경에 나왔다 보통은 다섯시까지 수다를 떠는데 오늘은 다들 일찍 집으로 돌아가야 한다고 했다 우린 참 씩씩하다 주변의 시선 따위는 별 신경 쓰지 않고 내가 하고 싶은대로 한다

모임의 대화는 스피치 수준이다

내 딸 나래는 이제 19살이다 사회 경험을 카페 알바로 시작하겠다 했다

밥 먹으며 알바 첫 날 교육 받았던 것이 어떠했냐고 물었다

카페는 단순히 음료를 팔고 수익을 창출하는 곳이 아니라는 것을 오늘 느꼈어요

카페는 공간을 제공한다는 주제로

카페를 이용하는 분들 중에 특히 50대 이상의 경우엔 아직도 카페 매너가 부족한 분들이 많다 그럴 때는 어떻게 해야 하느냐?에 대한 토론도 했어요 기존 알바들은 오육십대 아줌마와 아저씨들에 대한 반감이 상당했어요 반말하지요 인원수대로 음료시키지 않지요 인원수대로 시킨다 싶으면 음료수만큼 잔을 달라고 일일이 나눠 마시다 테이블을 엉망으로 만들지요 간식 들고 와서 먹고 흘리고 어떤 아저씨는 앞섶 풀어 헤치고 러닝차림으로 매장에 들어오지요 땀 닦아야 한다고 냅킨 달라하지요 심지어는 화장실 문은 열어놓고 볼일 보는 경우도 있다고

30분내내 매장에서 각기 겪었던 일들에 대해 이야기 하느라 토론이 진행이 되지않을 지경에 이르렀다고

그 때 매니저 언니가 한마디 했어요

지금의 50대 60대

이 시대의 산업역군 베이비 부머 세대인 그 분들을 8년 지켜보고 내린 한 문장의 결론이 있다고

본인들 기준으로 좋은게 좋다였단다

그 세대와 맞서기보다는 차라리 무조건 고객님이 옳다라고 생각하자라고 할 때도 있었단다

그러나

고객님도 소중하지만 우리메이트들도 소중하다 너무 맘의 상처를 받지 않고 일했으면 좋겠다

지킬 것은 지키자 아닌 것은 아니라고 말하자를 어떻게 표현 할 것인가에 대해 토론하였단다

나래가 나를 빤히 바라본다

엄마는 오늘 모임 어땠어요?

핸드폰을 급히 들었다

내가 오늘도 한 건 했던 것 같아서 일단 통화하는 척 베란다로 피신한다

네 명이서 4가지 음료를 주문하고 추가 컵을 4개 챙여

와서 나눠 먹자고 컵을 드는 순간

모임에서 제일 나이 많은 큰언니가 그냥 본인이 시킨 것 마시자! 나를 당황하게 했다

형식네도 그러더니 이젠 언니까지?

거실에서 나래가 나를 찾는 소리가 들린다

전화를 받는 척하고 있지만 언제까지나 이러고 있을 수는 없었다

나래가 교육받았다는 카페 오늘 내가 아주 기세 등등하게 놀고 왔던 그 카페였다

찢어진 캐리어

추석 연휴 다음날이라 매장 안팎이 조용하다
날씨마저 납작 엎드려
할아버지의 에헴 기침에 깜짝 놀라 울음을 터뜨릴 듯 잔뜩 흐리다

고객님께서 커피를 움직이다 쏟으시고는 새로 줄 수 없냐고
하시는데요 어떡할까요
매장에서 전화가 왔다
네 생각엔 우리가 서비스를 해 드려야 할 상황이니?
아니요 전혀요 두 분이 대화하다 쏟으시고는 새로 줄 수 없냐고 물으십니다 오히려 기다 시피 하며 청소한 제

겐 사과 한마디 없으세요

그 소란속에서도 묵묵히

커피를 기다리는 한 남자가 앉았다

조금 전에 본 것 같기도 하고 아닌 것 같기도 한데 굵은 팔뚝에 그려진 그림을 보니 매장을 방문했던 손님이었다

혹시 조금 전에 다녀가시지 않으셨어요?

음료를 드리며 몸을 일으키는 모습까지 주의 깊게 표정을 바라 보았다

맞아요

들고 나가다 캐리어가 찢어져서 다 버렸어요 바지도 버리고

그러세요? 아쿠 죄송합니다

이건 그냥 제가 서비스로 드리고 싶어요

괜찮단다

정말로 괜찮단다

이런 게 괜찮을수도 있구나

최씨부인

최씨부인은 그가 늘 앉던 맞은편을 바라본다
지금은 빈 의자인데도 어쩐지 그가 앉아 있는 것만 같다고 말하며 그녀는 의자로 가는 시선을 힘겹게 거두어 창밖을 내다본다

코로나백신을 맞았다고 했다
지인이 의사라 백신이 준비되는 대로 바로 맞았다고
Y대를 졸업하고 교수로 근무했던 그는 은퇴를 하고 아내와 날마다 새벽예배를 시작으로 하루 일과를 시작했다 사나운 날씨만 제외하곤 기도가 끝나면 바쁘지 않은 가벼운 발걸음으로 2킬로 가까운 카페까지 걸어 오셨다 카페가 유턴 지점이라고 했다

바닐라 라떼를 주문하셨다

아들의 여자가 바닐라라떼를 권하였다고 늘 오시면 그 메뉴를 드신다

그의 선택은 중요하지 않다 최씨부인이 시키면 마셔야한다

부인은 가정과를 나왔고 그는 공대쪽이라 그의 의견이 반영되지 않는단다

앉아서 커피 한잔 드시고 오가는 사람 구경하시고 옆옆에 가셔서 점심 한 끼 하셨다

그리고 오셨던 그대로 부드럽게 지근히 돌아가신다

대개 이 만보 걸음이라 아주 만족스런 하루의 큰 부분이 된단다

백신4차였나? 코로나의 기세만큼 더위가 기승을 부리던 그 즈음 여름 발걸음이 뜸해 지셨다

추석이 왔다

고향 찾은 사람들로 바쁜 하루를 보내고 있을 때 따뜻한 햇살따라 반가운 얼굴이 눈에 들어왔다 최씨부인 아들 내외와 함께 매장을 방문했다 한 분은 보이지 않았다

내가 살아있음을 알리려 왔다 하셨다

안부가 궁금했던 건 사실이었다

그리고 한 달이나 지났을까? 이번엔 최씨부인 혼자 오셨다

조용히 마시고 계셨다

오늘은 혼자 오셨네요

나가는 뒷모습이 너무 쓸쓸해 말없이 같이 걸었다

이 쪽으로 가시면 편리하실건데요?

아니 이 길로 가겠습니다

요즘에도 성당 자주 가세요?(건강하시죠? 묻고 싶었다)

요즘은 주 한 번 토요일만 갑니다(혼자만 성당가요)

평소와 다르게 신발 끝을 바라보며 말씀하신다

남편은 먼저 갔어요라고 말하진 않았다

최씨부인의 꾹꾹 눌러 힘겹게 내뱉는 한마디 한마디에서 충분히 느낄 수 있었다

아뿔사

오늘 걸으시는 이 길은 그 분과 함께 걸었던 길

두 분이서 다녔던 식당 오솔길

그리고 바라보며 세상 걱정하던 들녘

그 길을 걸으셨던 걸 몰랐다

우리 매장도 그분이 살아가시던 세상 걱정의 한 조각이었다

장사 잘되요?

고객님께서 자주 와주셔야지요

밑도 끝도 없이 훅치고 들어 온 한마디에 당돌한 답변을 드렸건만 출근부 도장을 찍으시듯 거의 날마다 오셨다 최씨 부인이 서울 가면 혼자서라도 다녀 가셨다

해가 바뀌고 또 봄이 왔건만 우리의 바닐라 라떼는 유구한데 최씨 부인은 온 데가 없다

손가락 끝에 묵주반지를 한 이들만 보면 최씨 부인의 안부를 묻어보고 싶지만 그것 또한 오지랖이라 관둔다 여긴 많은 사람이 오가는 간이역 같은 곳이니깐

아이스크림
carburetor tube 찾기

등대 뚜껑이 싱크대 하수구로 들어간 것 같아요!

아이스크림 기기를 청소하던 장이 울며 전화했다
등대 뚜껑이 안 보인단다
아무래도 싱크대에서 하수구로 흘러간 것 같단다
나는 1분 대기조 매장으로 출동한다

장이 말하는 아이스크림 등대는 carburetor tube를 이르는 말이다
긴 원통형으로 생겨서 위쪽으로는 구멍이 세 개가 나 있는 형태인데 그 세 개가 우유를 조절하는 기능을 한다 등대를 미니어처로 만들면 이 모습과 비슷하겠다고 말

한 적이 있었다

이것이 하수구를 통해 흘러간다면 어디쯤엔가 멈출 것이고

흘러가지 못하는 하수는 제대로 기능을 못 해 하나 둘 막히기 시작 할 것이고

악취가 나기 시작 할 것이다 이럴 때 일 수록 침착해야 한다

장의 말을 들으며 행동을 역으로 한 개씩 집으며 찾아보기로 했다

기기를 청소하기 전에

타올을 깔고 분해된 기기들을 말릴 타올과 구리스등를 미리 세팅 해 둬야 하는데

평소에 찰떡같이 잘하던 준비가 오늘은 청소도구들이 한곳에 모여 있지 않고 여기 저기 놓여저 약간 어수선하다

돌아서서 장과 눈이 마주쳤다

사실 오늘 약속이 있어서요

그러고 보니 평소에 하지 않던 메이컵이 마스크를 쓴 얼굴에서도 잔잔히 이쁘게 표가 났다

사십이 다 되어 오랜만에 하는 데이트라 많이 설레었었나

다시 조립하려니 등대가 보이지 않더란다

조립하려고 이거 저거 챙길 때 그한테서 전화가 왔고

아침에 받는 그의 전화가 너무 기뻐 어쩔 줄 몰라 여기가 매장인지 바다인지 구분도 안되고

그래도 열심히 씻고 말리고 조립을 하는데 보이지 않더란다

아무래도 열린 싱크대 하수구로 흘러간 듯 하단다

그렇지 않고는 이렇게 찾았었는데 안 보일리 없다고 울먹인다

나이프 옆에다 야무지게 놓아 두고선 청소용구들 사이에서만 찾으니 보일리가 만무했다 검지손가락으로 등대를 툭툭 치며 찾았음의 신호를 보내고 있었지만 장의 터져버린 눈물은 나의 손가락 따위는 보이지 않나보다

큰일이네 이 하수구 공사를 하려면 엄청난 비용 많은

시간 그러면 영업하기도 힘들텐데 이 영업손실을 아이쿠메 으짜면 좋노?

이른 아침 장의 훌쩍임은 매장 공명 소리를 만들고 마스카라 얼룩진 장의 얼굴은 마흔을 실감나게 한다 고객님들이 방문하시기 시작하는 아침 8시 장난은 여기서 멈춰야 했다

미안 미안 내가 벌써 찾았어

그게 콩도 아닌데 어떻게 쉽게 하수구로 흘러가겠어?

이제부터는 대충 준비하지 않겠습니다 십년감수했어요

우리의 장 씩씩하게 웃는 모습이 좋긴한데 마스카라 흘러내린 얼굴이 좀 무섭다

아이스크림 기기 청소 마무리는 되었고 본격적으로 영업을 해야 하니깐

화장실 가서 거울 보고오라며 장의 등을 떠민다

오늘 아침은 참 요란하게 시작한다

핫립 세이지가 피었다

핫립세이지

겨울내내 매장 안에서 피고 지기를 반복하며 사랑을 받은 아이였다

딱 한 잎을 피웠을 뿐인데

핸드폰을 꺼내 이리 찍고 저리 찍고 법석을 떤다

그 옆으로는

색상이 화려한 제라늄을 비롯하여

아마꽃

사계국화

꽃기린

목수국

아마와 같이 피어 있는 그 녀석 이름은 생각이 나지 않는다

잎은 민들레잎 마냥 톱니가 있고
노란 수술 흰 꽃잎
그 꽃잎 목이 긴 치열이 하얗게 고운 여인을 닮았었는데
눈에 담았던 그 모습은 머리를 통해서 또렷이 저장되어 있는데
목이 긴 하얀
생각났다
샤스타데이지!
녀석은 작년에 뿌렸던 씨앗이다
욘석과 닮은 아이는 목 마가렛
꽃대를 잘라주고 거름주면
어느샌가 또 꽃 망울이 조랑조랑 달린다

오늘따라 라떼가 맛이 없다
모두 버리고 다시 만든다
스팀을 조금 더 찰지게

에스프레소 위에 스팀 우유를 넣고 데이지꽃을 그렸다
후 훗 맛나다
눈과 마음을 사로 잡는 꽃들이 많은데
아침부터 그 세이지 꽃잎에 사로잡혀 섰자니

"좋아죽겠지요?"
깜짝 놀라 돌아서니 이웃이다
대야에 물을 들고 와선 국화에 던지듯이 부으며 한마디 하신거다
한 평 남짓하니 길게 생긴 화단이다
나는 피는갑다싶지 다른 것 없어요

딱 들켰다. 나의 유별난 꽃 사랑

하얀 바탕 위에 빨간색 터치로 마무리한 내 친구의 손톱 마냥
꽃색을 올리는 핫립 세이지

오늘은 그 옆 가지도 꽃을 올리고 있다

2부

나의 몫 알바의 몫

2주째 근무한 친구로부터 문자가 왔다
갑작스러운 개인 사정으로 그만두기로 했단다
컴퓨터를 켜고 알바 공지를 올린다
하루를 일하든 한 시간을 하든 떠나는 건 알바의 몫이고
사람을 또 채워야 하는 건 나의 몫이다

새로운 친구의 첫 출근날은
아침부터 분주하다
유니폼 모자와 앞치마 그리고 머리망까지 챙겨야하고
근로계약서도 준비해야 한다

카페에서 아르바이트를 한다는 것은

단순히 카운터에 서서 주문받고 음료 만드는 것만이 아닙니다 카페를 구성하는 장식품 화분 하나 전등 하나 소품 한 개까지 모든 것이 알바의 직무에 포함됩니다 근무시간과 출근 시간은 엄격히 구분되어야 합니다 몇 시에 출근하든 상관 않습니다 그렇지만 근무 장소에는 반드시 10분 전에 들어와야 합니다

노 악세사리 노 향수

복장은 긴바지와 발등을 덮는 운동화를 권장합니다

우리는 그림자입니다 우리가 고객님보다 튀면 안됩니다

우린 돈을 받고 고객님께서 음료와 일정한 공간을 제공합니다

인사는 밝게 음료는 레시피대로 정갈하게 만듭니다

같이 노력해보자 하였다 혼자서 해 보겠다면

지켜보다가 필요한 부분만 채워 주곤 했는데

2주 후 문자 한 통만 남기고 떠났다

카페 운영해 온 5년 동안 퇴사 의사를 밝히고 후임이 구해질 때까지 기다려 주고

웃으면서 악수를 하고 떠난 친구가 있었던가

알바생교육 힘들죠
저도 2월에 4명을 뽑았는데 다 별로라 다시 뽑으려구요
애들이 몇 년 전에 비하면 많이 자립심이 없어요
그냥 잠깐 돈 벌러 온 느낌?
우리 서비스직은 완전 멀티가 되어야 하는데

D점주님의 푸념이다
이야기를 듣다보니
샷 추출(커피내리는 법) 우유 스팀하는 법
고객 응대하는 법을 모두 가르쳐 주고 하루 종일 붙어서 교육 하다보면
우스운 말이지만 우리가 교육비를 받아야 하는 건 아닌가 하는 생각도 가끔 든다

아차
지금 이러고 있을 때가 아니다 이런 고민할 여력이 없다
내일부터는 당장 인력이 없어 오롯이 14시간을 버텨

야 하고 식사도 요령껏 해야 하고

화장실도 요령껏 가야 한다

오픈 미들 마감

그 어려운 오미마를 감행해야 한다는 것이다

모든 개인적인 활동은 일시정지 약속도 모두 취소한다

인간다운 최소한의 쉼이라도 가지려면 얼른 알바를 구해야 한다

알바와 함께 업무를 분담 할 수 있었던 것 조차 사치였다니

커피는 마시지도 않았는데 입안이 참 씁쓸하다

힘들면 좀 쉬어가도 괜찮아

내가 응대하는 고객은 무조건 큰 사이즈 드립니다 특히 아이스 음료는 무조건이지요

의아해 하는 김의 표정에 그녀가 혼자 답한다

왼쪽 키오스크를 쓰시면 편리합니다라고 안내를 해드리는 데도 굳이 내게 오신다는 건

이 고급진 서비스를 위해 기어이 돈을 더 내시겠다는 의사로 해석 합니다

이 친구

진

대형 사고로 친구를 먼저 보내고 오기로 계속 비행을 했다 하였다

악으로 버티는 것도 한계가 있었어요
입안이 헐어서 식사를 못하는 건 기본
입술이 짓눌려서 튀어 오르다 터져버리기도 여러번
비행 대신 데스크로 옮겨 앉아서 일을 하기도 했지만
혼자서 견딜 수 있는 무게가 아니었단다

말하다 담배대신 집어든 볼펜은 녀석이 몇 년 동안 헤매었다는 방황의 흔적이다 내가 없으면 안 될 것 같던 크루 교육도 내가 없으면 죽을 것 같다던 그도 그 자리에 잘 있더란다 난 힘들어 죽겠는데 모든 것이 너무나 잘 돌아가고 있더란다

진보다 먼저 회사를 떠난 친구는 술 담배로 부족해 다니던 피부과에서 약을 달라 고함 지르고 악을 쓰다 병원에 들어간 지 6개월이 되었단다

진이야 네가 날마다 왔었다는 거 기억해 사실 그냥 외면하고 싶었어 나 좀 봐달라고 힘들다고 외치면 좀 나아질 것 같아서 너를 피했어 Y 기억하지? 널 닮아서 목소리가 돌고래 주파수 같았잖아 걔도 날마다 왔었다?

진이 날마다 병문안 가다싶이 한 건 맞지만 죽은 Y를 만났다니?

Y가 그러더라 아직은 때가 아니라고 돌아가라고
진도 지금 많이 힘들 것이라고
같이 건강해져서 열심히 일하고 둘이서 여행도 다니고 잘 지내라 하더라

울다가 깨니깐 네가 보였어
참꽃 옆에 서 있는 모습이 처음으로 또렷이 보였어
하였단다

이야기를 듣고 있던 김의 눈이 본능적으로 진의 손으로 향한다
하얀 모나미 볼펜이 아직도 긴 손가락에 끼여 있다
저 이제 안해요 그냥 한번씩 그 친구 생각나면 이렇게
대견하다
아파했고 힘들었다고 지금도 아프지만
이젠 술도 담배도 멀리 두고 다시 사회에 적응하려 노력한단다

제출되었던 녀석의 이력서를 다시 한번 훑어 본다
우리 카페에서 아르바이트하기엔 너무나 화려한 이력서

세상을 향해 패악치던 친구를 위해 먼저 손을 잡아 준 녀석
다시 사회에 적응하려는 서미진

그래
힘들면 좀 쉬어가

한 달 후에 돌아가기로 했다지만 난 다시 메이트를 구해야 하지만
나의 카페가 진이 도움닫기 할 수 있는 발판이 될 수 있다면 기회를 주고 싶다는 생각이 들었다

웬지 밉지가 않다

너의 알바

오늘은
라떼 한잔을 마셔도 멀미가 나듯 속이 울렁거린다 했지
너가 그렇게 좋아하는 모닝 라떼인데

이 친구를 해고 시켜야 할까? 다시 기회를 줘야 할까 고민중이라고
모카베이스를 만들라 했더니 바닥에 몽땅 쏟아버렸다고
2리터 가까운 내용물을 바닥에 쏟고
본인도 어이가 없는지 멍하게 바라보고만 섰더라고

어제는

배달앱 주문을 받지 못하고 멍하니 화면만 이리 저리 터치하다

주문을 놓쳐 버리고

이 초보 친구

울면서 머리를 콕 콕 쥐어 박으며

제가 왜 이럴까요? 원래 이런 사람아니거든요 했다 하였지

다시 한번 기회를 주세요

그래서 기회를 줬는데

오늘은 모카 베이스를 이 지경으로 만들고

모카베이스라는 건

초콜릿을 만드는 재료가 되는 것으로 끈적한 암갈색의 액체라 곳곳에 소리없이 잘 스며든다 이것이 배꼽정도의 높이에서 떨어져 사방으로 튀기 시작하면 좁은 주방은 바닥부터 벽면까지 최소한 30분은 청소를 해야 한다고 보면 되는 상황이다 애들 표현을 빌자면 뚜껑 열리는 상황이 발생한 것이다

그래도

마지막으로 더 기회를 주고자 하였건만

먼저
문자만 왔다 했지
점장님 죄송한데요 제가 안되겠어요
그래도 14일 이내에 알바비 들어오는 것 맞지요?하더란다

너는 내게
사람도 없고 돈도 없고 알바 채용 참 많이 힘들다며
라떼 한잔에 꼬냑을 넣어 마시는 사람마냥 흐느적거리는 목소리로 말했지
어이없는 실수를 연발하던 그 친구가 바보인지, 그 친구를 고용한 내가 바보인지
모르겠다며

누가 내 실리카겔을 먹었나

윤이 전화가 왔다 출근이 힘들단다

식은 땀이 계속 나고 배가 너무 아파요 변도 엉망입니다

병원 다녀왔어요 의사 선생님은 식중독 증세를 보인다며 약을 처방 해 주셨단다

실리카겔

인체에 무해하나 드시지 마세요

김은 방습제를 모으는 습관이 있다 이리저리 쓰이는 용도가 많긴 하지만 즐겨 쓰는 곳은 쌀이다 가을이면 햅쌀이 한 자루씩 들어오는데 밥을 잘 해 먹지 않아 쌀이

늘 남아 돈다

쌀은 소분해서 플라스틱 통에 보관하면 괜찮기는 하다는 데 게으른 탓에 쌀자루를 바닥에 둔 채로 밥을 지어 먹는다 계절이 습기를 머금는 6 7월이 되면 쌀벌레가 생기기 시작하고 이러면 또 일거리가 생긴다 이상징후가 보이면 남은 쌀 모두를 큰 대야에 넣고 깨끗이 씻어 가래떡을 해서 먹기도 하였지만 제일 좋은 것은 쌀이 신선할 때 밥이든 떡이든 해 먹는 것이요 아니면 나눠 먹는 것도 방법이고 소분해서 플라스틱통에 보관하면 된다는데 김은 게으른 탓에 이도 저도 귀찮아 방습제가 보이면 자루에 던져 넣길 반복하였다 방습제도 버리는게 귀찮아 별 생각없이 쌀자루에 던져 넣었던 것이 시작이었다

그 해부터는 쌀벌레가 생기지 않았다

그 날은 뭔 바람이 불었는지

쌀 통을 사고 잡곡 통을 사고 난리를 피웠다

1년에 한 두 번 있는 집 정리의 날?

마트에서 구매하는 잡곡은 보통 500그람 단위로 포장이 되고

그 포장 봉투에는 한 개씩 방습제, 실리카겔이 들어있다

잡곡을 사 온 쌀통에 붓고 실리카겔이 보이면 모으고

또 한 봉투 붓고 모으고

제법 여러개를 모아뒀다

매장에서 도움요청 콜이 왔다

하던 일을 그대로 두고 매장으로 내려갔다 왔을 뿐이었다

방습제가 없어졌다

주방에서 딸의 분주함이 있는가 싶더니

내가 시음을 해 보겠습니다 소리가 들렸던 것 같았는데

1초의 간격이 있었을까?

이게 뭐야?

모아뒀던 실리카겔을 그래놀라 봉투에 넣어 뒀었는데 모아서 쌀통에 넣으려는 게으른 김의 나름 부지런함이었는데 그 실리카겔을 넣고 블렌더를 돌렸으니 모은이도 블렌드를 돌린이도 참으로 많이 부주의했다

휴우~ 다행이었다
아직 마시지는 않았다

윤이 그런다
제가 더 서러운건요 병원 가서 실리카겔 먹었어요 라고 말을 못하겠더라구요
이것저것 넣고 맛나게 만든다는 것이
토마토와 실리카겔을 넣고 갈았단다
나누고 남아 있는 주스를 마시다가 마지막에 반짝이는 알갱이들을 보았단다
반은 마신 상태였다고

그 친구
간호사 자격증이 있는 친구다

덕분에 나는 주말을

오픈
미들
마감까지 하얗게 불태웠다

경력메이트 구하기

몇 일 동안 망치질하는 듯한 소리가 밖에서 간간이 들려 왔다

살펴 보아도 사람은 보이지 않는다
잘못 들었나?
다시 매장 안으로 돌아왔다
쉬이 채워지지 않는 알바의 빈자리가 피로를 가중시킨다
오늘은 날씨마저 흐리다

그때였다
탁 탁타닥 탁탁탁 탁

망치 소리가 또 들렸다

이번엔 잽싸게 소리를 따라 발걸음을 옮겼다

주차장이다

바닥에 모래 톱밥 정체 모를 가루들이 흩뿌려진 것이 눈에 들어왔다

그 때 다시 들려오는 망치소리

머리 위였다

청딱따구리 녀석이 지붕 밑에 집을 짓고 있었다

4층 높이의 벽에 붙어 열심히 작업중이었다

파내고 뿌리고 파내고 뿌리기를 반복하고 있다

오라는 알바는 안 오고 웬 딱따구리만

한 명만 잘 채워지면 동그란 원이 되어 매장 일이 잘 굴러 갈 수 있을텐데

한 명의 자리가 지금 나의 입안 치열 같다

그 이만 채워지면 완벽한 구강구조로 맛난 거 먹을 텐데

어금니가 공사중이라 늘 허전한 식사를 한다

딱따구리 녀석은 열심히 공사중이다

주차장과 옆집의 경계로 만들어진 턱에 걸터 앉아 그 모습을 멍하니 올려다 본다

동그랗게 집을 참 이뻐게도 판다

나의 동그라미

딱따구리의 동그라미

문득 기분이 좋아진다

어쩌면 딱따구리 덕에 빈자리가 메워 질 수 있을 것 같다

메일을 연다

이 친구는 이력서 작성에 성의가 부족하고

이 친구는 너무 어리고

이 친구는 카페와 거리가 너무 먼 주소를 갖고 있고

이 친구는 이력이 우리와 맞지 않다

찾았다

연필로 한자 한자 꾹꾹 눌러 쓴 것처럼, 자신의 이력을 피력한 친구를 발견한다

책임감이 뭔지 아는 나이대 한 곳에서 10년간 근무한 배테랑

프랜차이즈 근무

징검다리놓인 냇가를 건너듯 한 문장 한 문장이 조심스럽고 고심하며 쓴 흔적이 보이는 이력서다

내일 면접을 보기로 한다

오늘은 특별한 행동은 하지 않기로 한다

좋아하는 식사 때 마시는 반주도 오늘만은 거르기로 한다

내일 만날 한 명에게 온 신경을 집중하기로 한다

꼭

이 빠진 동그라미를 채워야 한다

마감 아르바이트

최는 쉰 살로 세 아이의 엄마다 남편은 늘 바쁘다

세 아이 모두 타지로 나가고 최 혼자 아파트를 덩그러니 지키며 살아간다 친구들이랑 열심히 놀기도 하고 작년부터는 골프라는 것을 배워 열심히 필드에 나가기도 한다 친구랑 노는 것도 하루 이틀이요 비싼 골프장에 라운드 나가는 것도 한 달에 한 두번이지 나머지의 시간은 또 혼자다

몸이 이유없이 아프기 시작한 것도 그 즈음이다 몸의 마디마디가 아프기 시작하고 누군가 침대에서 그녀의 모형틀을 만들기라도 하려는 듯 몸을 아래로 아래로 당겨 내렸다 신음하며 누군가를 부르다 잠을 깨기도 여러

번이지만 또 혼자였다 아파트 입구에서 갖고 온 교차로를 던지다 싶이 펼쳐놓고 거실 바닥에 주저앉았다 여기서라도 답을 찾아볼까 구인광고를 열심히 뒤적뒤적 넘겨보지만 자격증 한 개 없는 50대 주부를 채용하겠다고 공식공고를 낸 곳은 없었다 어렵사리 용기를 내어 펼친 구인광고지라 여기서 멈출수가 없었다

자격증은 없지만 자격증을 갖고 있는 사람보다 잘 할 수 있는 것이 무엇인가 있을거야

스스로에게 용기를 불어넣으며 지원한 곳이 준종합병원 식당조리원이었다 조리사 자격증 없구요 이쪽으로 경험도 없습니다 그렇지만 저 아이셋을 키운 엄마입니다 칼질, 채소 다듬기는 기본이고 눈치가 9단이라 선임이 시키면 뭐든지 잘 할 수 있답니다 쉰 살의 능구렁이 같은 언변은 아직 결혼도 하지 않은 영양사의 면접을 통과하기는 어렵지 않았다

새벽 5시 오전 10시 두 타임으로 일주일씩 돌아가며 출근했어요

새벽에 조리실 문을 열 때면 벽을 사이에 두고 있는

장례식장 때문에 새내기의 출근길이 으슬 으슬 하기도 했지만 일의 시각이 돌아가기 시작하면 그 벽은 존재감도 없었지요

최는 말을 이어간다

카페 경력은 없지만 눈치껏 잘 배우고, 따라 할 수 있답니다

사장님의 얼굴에서 알 듯 모를 듯한 미소를 감지하는 순간

최는 자세를 다시한번 고쳐 잡는다

당근 껍질 벗기기 감자 껍질 벗기기 마늘 손질하여 다지기

집에선 느긋하게 하던 것을 주어진 시간 안에 만들어내는 것이 힘들었어요

꾀부리지 않고 몇 년 동안 열심히 일하였답니다

땀흘린 만큼 보상을 받은 좋은 경험이었어요

1년 정도 쉬었어요

지금은

아르바이트를 해 보려고 합니다

정해진 시간에 규칙적인 일을 하는 것을 좋아하구요

작은 벌이지만 내가 번 돈으로 나만을 위한 취미생활을 하고 싶습니다

사장님 열심히 할께요

제 나이 올해로 쉰 한살

나이는 많지만 그게 장점이 될 수 있게 열심히 하겠습니다

그리고 주 14시간 열심히 출근하고 있다

카페의 마감은 이런 손길을 기다리고 있었는지도 모르겠다

어딜 어떻게 닦아야 하고

어떤 연장으로 어떻게 청소해야 하는지 경험으로 아는 사람의 손길을

메이트 구인중

제대로 된 한명이면 됩니다

3월
봄이 시작되는 계절
장롱속을 한 번 더 들여다보게 되는 시기
창밖 새들은 멀리 날고 그 지저귐은 청명하다

빗방울 마저 사뿐히 꽃들을 깨우는 이날에
또 한 번의 고민에 빠져든다

사람이 빠졌다
빠지겠다가 아니라 빠졌다

그만 두겠다가 아니라 그만 둔다 한다
(하긴 이것마저 예의있다 칭송하는 사람도 있다)
대비할 겨를도 없이 사람이 빠졌다

이제 휴식은 꿈도 못 꾸게 되버렸다
나의 쉼이 한 치 앞도 보이지 않는 시계 제로 상태가 되어버렸다

작년 연말부터 이어온 현상이다
지원하는 사람의 형태가
진짜 일을 하려는 사람과 최저임금이 높아진 탓에 '알바라도 해 볼까?' 라는 사람들이 섞여
혼돈 시기가 되어 버린 듯 하다
나의 동선은 오로지 여기 이 장소밖에 없다
쉬는 것도 이곳
지쳐서도 안되고 아파도 안된다

아침7시부터 저녁9시까지
이럴 때면
그만 둘까?

그만 두면 뭘하지?

아니면 무인카페로 돌릴까?

차라리 직원을 고용할까?

4대 보험 주휴수당 퇴직금까지 보장 되는

단톡방에 경험 있는 점주들의 조언을 구한다

매니저를 고용하면 인력난을 해소 할 수 있을까요?

사람이란 정답이 없단다

힘들더라도 조금 더 기다렸다 제대로 된 인연을 만나시는 게 나을듯요 한다

어제 올렸던 공고를 확인한다

지원자가 있을까?

모니터를 향하던 두 손이 모아져 그 끝이 하늘로 향한다

제대로 된 한 명이면 됩니다

저랑 인연이 될 수 있는 귀한 사람 한 명만 보내주세요

일 잘하는 친구도 좋지만 마음이 따뜻한 친구를 보내

주세요
어른들에겐 측은지심으로 대하고
잘 웃는 한결 같은 친구가 좋습니다
일은 배워가면서 하면 되지요
그러나 인성은 배워가면서 되는 게 아니더라구요

주름에 짓눌린 두 눈을 크게 떠 올리고 메일 창을 확인한다
어제 저녁의 숫자에 비해 변함이 없다
들어온 게 없구나
갑자기 마음이 추워진다
매장 안의 온도는 20.9도를 가르키고 있다
히터를 켠다
따뜻한 커피 한잔이 간절하다

면접

우리 매장 알바요?

그 친구 이력서 한 줄 보고 뽑았어요

7급공무원 합격, 9월부터 근무였거든요

장점요? 이뻐요

그걸로 만족하고 일 맡깁니다

정리 정돈이 안되구요 깔끔하게 음료 만드는 것도 안 되요

그렇지만 출근 시간을 잘 지켜줘서 안심이 되구요

주문을 친절하게 잘 받아서 또한 이뻐요

부족한 것은 서서히 채워가려구요

이웃동네 매장이야기다

알바 면접이 있는 날이다
보배를 찾고 있는 건 아니다
카페와 인연이 되어 일 할 친구를 찾고 있다
6개월째

직접 내린 커피를 한 잔 건낸다
30분 정도 수다 떨듯이 이것 저것에 대한 말을 주고 받는다
일에 대한 자긍심과 책임감이 보인다
아이도 있단다
지금은 어린이집에 다니는데 키우면서 아픈 적이 없어서 용기를 내어본단다
웃는 인상에 인사톤이 높고 밝은 친구
장점이 먼저 보인다
같이 일해봐도 괜찮을 것 같다

일을 하실려면
보건증을 준비하셔야 한답니다

다음 주 출근 시간을 체크하고 일어선다

7시부터 11시까지 오픈 업무와 이어진 면접까지
아침 피로를 털어 내 듯 모자를 벗어 무릎에 툭툭 턴다

미들이 사라졌다

미들이 사라졌다

미들이 사라졌어

미들이 구해 질 때까지는 혼자서 미들까지 담당해야 한다

오픈 7시 부터 마감 21시까지 주구장창 혼자서 일을 해야 한다

미들은 허파와 같은 존재다

오픈에 이어진 미들과의 교대가 있어야 숨을 쉰다

공기를 깊게 들여 마실 수 있고 맑은 머리로 생각 할 수 있고

하루가 시작되었음을 확인 한다

받았던 메일을 모두 다시 체크한다
혹여나 놓친 사람은 없었을까

바람이 몹시 불어 배너의 배를 아주 빵빵하게 만들고 있다
길가는 사람들은 그저 평화롭기만 한데
수용소에 갇힌 기분이다
기세 좋게 부는 바람은 출입문까지도 열고 들어 올 모양새다

그때였다
흔들리는 문 사이로 끼일듯한 아슬한 모습으로 한 명이 들어선다

알바하고 싶으면 언제든 오라 하셔서 왔어요

빈자리가 평일인데?

저 휴학했어요

삶의 무게

가로등과 어둠만이 친한 듯 아닌 듯 적당히 거리를 유지하는
한낮의 동네 언니들의 수다스럼이 어둠의 무게에 눌려져 조용히 내려앉은 시간

마감을 담당하는 이 친구는 이 시간 회사 일을 마치고 카페로 출근한다
투잡러다
매장의 문이 열리고 인기척을 느끼는 동시에 파스 냄새가
훅하니 먼저 들어선다
힘없이 끌려오다 싶이 내려져 있는 왼손의 하얀 붕대

가 눈에 띄인다

"2주 진단이라는데요?"

동그랗게 놀란 나의 눈에 독수리타법의 키보드 자판을 두드리듯 조용히 한음절씩 말한다

중지 손가락 깁스를 했단다

어쩌다가?

식당에서 의자를 당겨 앉는데 엉덩이 받이가 떨어져 있었던가 봐요

손가락이 의자 사이에 낑겨서

야구를 좋아하는 이 친구는

1번타자 날쌘돌이보다는 4번 지명타자에 가까운 풍채를 갖고 있다

나름 날래기는 한데 누구한테 원망도 못하고 너무 아팠겠다

내 엉덩이가 내 손가락을 아작 내었는데 이 통증은 혼자 삼켜야 하기에 더 아프다

아프지 않아요?

아파요 그래도 한 손으로 해 보려구요

그도 한 집안의 가장 내일 아침도 출근해야 하는 직장

인이다

오래 두고 일하고 싶은 친구다

잽싸게 머신의 추출버튼을 누른다

한겨울에도 아이스 아메리카노만 마시는 이 친구의 텀블러에 커피를 담아 등을 떠민다

가서 쉬어요 일단 손가락부터 회복하고 봅시다

내가 나눌 수 있는 작은 위로다

2주 진단

설날까지 중간에 끼여 있다

그 친구 나선 문을 바라보며 손가락 마디부터 시작하여

팔 다리 허리까지 고루 스트레칭을 시작한다

지금부터는 전보다 더 정신차리고 컨디션 유지해야 한다

최소 2주간은 혼자 마감시간까지 감당해야한다

난 점주다!

뭐든 어떤 상황이든 수습 가능한 점주다!!

힘내자!!!

얘야~ 장갑을 끼고 해라

열 살 전후부터였던가, 어렸을 때부터 설거지를 많이 했다

먹다 남긴 반찬, 누군가의 입에서 발려져 나온 생선가시 심지어는 이에 낀 이물질을 빼느라 열일한 젓가락 까지 가족이 흘린 이물질들이긴 하지만 수돗가에 쪼그리고 앉아 그 모든 것을 뒷정리하는 것은 그다 유쾌한 일은 아니었다

손에 와 닿는 물의 온도가 차가와지면 설거지는 더 싫어진다

다섯째로서 역할이었다고 하기엔 좀 슬프긴 하지만 많이 했었다

장갑끼고 해라 고무장갑을 끼고 하라셨다

어느샌가 아버지가 와 계셨다
엄격하셨던 아버지
가난한 농부의 장손
남들보다 갑절의 긴 군복무 경찰 선장이셨던 아버지
숨쉬기 힘들었던 다섯째 나의 위치에서
유일하게 따뜻한 아침햇살 이셨던 분이었다

스무 살 나은이
무엇이 그 아이를 설거지 달인으로 만들었을까?
뽀얀 피부에 몇 개의 여드름이 남아 있는 것을 뺀다면
꽃피는 나이라는 용어가 딱 들어 맞는 그런 친구다

설거지라곤 한번도 해 본 적이 없을 것 같은 나은이를 만난 건 오픈하고 1년쯤 지난 가을이었다 피크타임에 손이 필요한 상황이라 면접 후 바로 현장 투입했고

경황이 없어 무조건 지키고 서서 익히라고 했다

나은이는 30분 정도 멍하니 서 있더니 설거지를 하는 이에게 다가가

그렇게 하는 게 아니예요

말하며 자연스럽게 싱크대 앞에 자리를 잡고 단숨에 설거지를 해치우는 모습을 보였다

전~뎀벼요

나은의 손끝이 빨갛다

장갑끼면 불편해서 급할 때 그냥 뎀벼요 한다

나은이의 빨간 손끝이 나의 명치를 아프게 콕콕 찌른다

나은이의 손끝과 나의 손을 멍하니 번갈아 바라보고 섰다

"얘야 장갑끼고 해라"

그 때 아버지도 그러했을까?

진솔한 이력서

00전문대학교 사회복지학과 졸업

연락처에 적힌 두 개의 휴대전화 번호

집은 북구인데 주소는 화원읍이다

대한민국에서 18세에 대학을 졸업했다?

그것도 4년제 사회복지학과다?

정상적으로 학년을 채워서 진학하는 경우라면 이제 대학 1년, 새내기 학번인데

졸업을 했단다

조기졸업을 했단다

그런데 취업을 하지 못해 혼자 살고 집세를 벌기 위해 알바를 해야 한단다

거주지가 아파트 주소이고

핸드폰 한 개는 사용하지 않는 번호이고

본인은 메일로 업로드 할 수 없는터라 전화를 했다 하였다

꼭 면접이라도 보게 해달라는 간절함이 있어

면접 만 보았다

지원서만 본 친구도 있다

바리스타 바텐더 3년 경력

2년은 커피숍 1년은 5성급 호텔 바에서

커피와 칵테일을 만드는 것

고객에게 훌륭한 서비스를 제공하는 것을 즐깁니다

저는 21살이고 한국에서 2년 가까이

한국어는 회화 수준으로 소통 영어 유창

외국인 고객님들에게도 편안하게 서비스를 제공할 수 있습니다

이 직무에 대해 더 자세히 이야기 나누고 싶습니다

지원 절차와 인터뷰 일정에 대해 알려주시면 감사하겠습니다

답변을 기다리겠습니다
감사합니다

이 친구에 대한 호기심반, 같이 일을 해보는 것도 재밌겠다라는 생각반으로
세 번을 읽어 본다

핸드폰으로 통화가능하실까요? 메시지를 보내 본다
현재 정지 중이므로 음성 문자 착신이 불가합니다가 돌아왔다

돈을 벌기 위해 일을 하는 것은 환영한다
그러나
설명이 필요한 이력서를 꾸미기보다는
한 줄의 이력에라도 진솔함이 묻어나는 친구가 좋다

쿠션 화법을 잘 쓰던 은진이

난 소리에 예민한 편이다 몇 년간 텔레마케터들과 일을 하며 그들의 업무를 챙겨왔던 터라 특히나 등 뒤에서 나오는 소리는 말초신경을 바짝 세울만큼 예민하다

아이 둘이 소파에 누워서 신발을 신은 채 오르내리다 뒹굴고 있었다 엄마는 노트북을 펼쳐 들고 뭔가에 열심이다 자유로와진 아이는 스마트폰 동영상을 크게 틀고 매장의 분위기를 장악하기 시작했다 신발로 의자를 치던 소리에 예민해지기 시작한 나의 귀는 그 애의 엄마인 무서운 고객에게 폭발하였고 그 고객은 다른 형태로 나의 매장에 폭탄을 투척하여 수습하는데 조금 애를 먹었다

살짝

조금

조금 시끄러웠어요

살짝 엉망이긴 했어요

조금만 줄여주실래요?

고객님 보시는 영상 소리가 살짝 큰 것 같아서요 소리를 조금만 줄일께요라고 말했다면 어떠했을까?

밀대질로 바닥을 닦고 마감을 해야되건만 밀대질은 제자리 걸음에서 앞으로 나아가질 못하고 반복 닦기를 하고 있다 하던 걸레질을 멈추고 문자를 한다

잘 지내지?

쿠션화법을 제대로 잘 쓰던 그 친구에서 뜬금없이 안부를 묻는다

새로운 일을 찾아 떠났지만 그녀가 쓰던 화법은 내게 자리 잡았다

살짝

조금

엄지와 검지로 표현하는 손가락 간격과 미소 띤 표정

은 덤

그러고 보면

사람 사이에 일어나는 일들은 면역이란 게 없는 것 같다

고객 응대도 마찬가지다

감기와도 닮아 있었다

예방주사라는 게 오한 두통 기침 콧물을 완화시켜줄 뿐

병원체와 맞서서 싸우는 건 오로지 몸의 면역체계라고

엄지와 검지를 펼쳐 은진이 미소를 떠올리며 손가락 표정을 만들어 본다

약간

살짝

굳었던 얼굴도 같이 움직인다

살짝 이쁘다

나도 할 수 있을 것 같다.

약간

살짝

3부

회상

찰랑거리는 단발머리 세련된화장 우아한 미소

음료를 들고 자리로 향하는 그녀의 얼굴에서 50년 전의 혜옥을 발견한다

6학년 3반 박혜옥

김과 혜옥은 6학년 같은 반이었다

우물이 먼저 사람을 반기는 곳

돌이 켜켜이 쌓인 틈새로 이끼와 초록들이 자라고

동네에서 흔히 보던 원형으로 된 것과는 달리 사각 모양의 우물이 그 집엔 있었다

우물의 각을 따라 기와집이 마당을 에워싸듯 안채 사

랑채 행랑채로 되어 있었고
집이 꽤 넓었던 것으로 기억된다
마당은 모두 시멘트로 덮여 있고
그것의 딱딱하고 건조한 모습과 사각의 우물, 신작로를 향해 난 나무 대문만이 고기의 아가미 마냥 유일하게 숨을 쉬고 있었다

혜옥이 웃는 것을 김은 한 번도 본 기억이 없다
천천히 걷고 조용히 말 할 뿐 이었다
바닷가 마을 어장과 어선을 가진 마을 유지의 딸 혜옥
가난한 어부의 딸 김
성적표를 받던 날 김이 왜 초대 되었는지 기억나지 않는다
놀러 가자는 말에 선듯 따라나섰지만
혼자만 초대되어 교실 옆 복도 마냥 긴 대청 마루를 걸었던 기억이다

혜옥의 집에서 그녀가 피아노 치는 모습을 본 것 같기도
단단한 시멘트 마당과 닮은 그녀 아버지의 표정

우물의 사각 모서리를 닮아 조금만 더 들으면 다칠 것만 같았던 그녀 아버지의 음성

너가 김이구나 나는 혜옥이의 아버지다

그 우물 그녀의 아버지를 꼭 닮았다

공주처럼 살던 혜옥은 초등학교를 졸업하기도 전에 이사갔다

그 때가 마지막 시험이었다

고객의 얼굴에서 혜옥을 읽어내고 한동안 굳은 채로 섰다

여전히 우아하게 지낼까?

커피잔은 엄지와 검지로만 잡고 왼손으로는 쟁반을 받치고 새끼손가락은 살짝 떼어 섹시함을 어필할까? 아님 너나 다를 봐 없이 수다쟁이 아줌마로 살아가고 있을까?

길가다 만나면 서로 알아볼 순 있을까? 친하게 지낸 적은 없었는데 그닥 달달했던 사이는 아니었던 것 같은데 적당한 거리에서 적당히 경쟁하고 견제하며 지내던 어쩌면 커피맛과 닮은 사이였던 것 같기도 하다 씁쓸하지만 바디감도 있고 어딘지 도를 향도 과일맛도 나는 그 커피향처럼 40년 넘게 입안에 머물러 있다

내가 만든 감옥

내가 만든 40평의 감옥에 갇혔다
뛸 수도 없고, 달리기도 힘들다
천천히 걷는 것만이 내게 허용된 공간에서의 움직이다

들어 올린 버티칼이 시야를 내어준다
검은색의 물체가 가까이 오는 듯 하더니 눈앞에서 훅 지나간다
호기심에 쫓아가 유리창에 코를 박고 길을 따라 그 형체를 쫓는다
악기를 등에 짊어졌다 가죽부츠 가죽점퍼 빨간 모자에 감춰진 긴머리가 흘러내려 어깨 위에서 찰랑인다

창으로 스며든 햇살이 망막에 내려앉나 싶더니 자전거 탄 그녀의 뒤를 따라간다

천천히 몸을 일으켜 앉는다
구두를 벗고 때 묻은 운동화를 신장에서 꺼내 발을 푹 넣어 신는다
자전거의 체인을 푼다 열심히 타 온 자전거다
비가 퍼 붓는 여름날에도 타고 나가곤 했다
그때 그때마다 마른 수건으로 닦아주고 비닐을 씌워 두어야 하는데
좀 게을러 구석구석 녹슨 데가 있다
그래도 안장만은 반질 반질하다
오른발로 툭 툭 쳐서 받침대를 올린 뒤 자전거를 끌고 나간다
페달에 발을 얹고 왼발 끝으로 땅을 구른다
발목이 또 시큰해진다
비탈진 길을 미끄러져 가기 시작한다
초등학교 앞이다
갑자기 튀어나올지 모르는 아이들을 조심하려고 속력을 줄인다

도로변의 인도로 자전거를 몰고 간다
어디로 가면 신나게 달릴 수 있을까?
두 페달 위에 발을 올려 열심히 구른다
나뭇잎들이 흩뿌려지는 듯하더니 자전거를 들어 올린다
공중을 나른다
발아래 내 매장이 사람들이, 학교가 보인다

"안녕하세요?"
고객님의 인사에 화들짝 놀라 일어나 노트북을 밀친다
포스앞에 신병마냥 잔뜩 군기 잡힌 모습으로 선다

김은 아직 자전거를 타지 못한다
코로나백신으로 인해 자주 시큰해지는 발목을 만지작거리며 잠깐 꾸었던 꿈속을 되뇌어 본다 뺨을 가르는 공기가 차갑다 어제부턴 제법 플라타나스 잎들이 무리지어 굴러다닌다
올 해는 자전거를 배워볼까?
더 추워지기 전에?

내가 쌓은 감옥에 환기창 하나쯤은 되겠다

김의 친구

눈과 비가 섞여 내린다
어제
같이 앉았던 자리는 네 온기를 품고 앉아
네가 바라보던 창밖 눈비를 보고 있다

이런 날이면 판쵸를 입고 화단을 돌아보고 있겠지
그 곳이 너의 남편의 공장 한켠이기를 은근히 바란다
맑고 투명한 감성의 너이기에
어둡고 수그러져 있는 글은 아무리 유명한 작가의 것이라 해도 싫어 한다 했지
수목원에서 핀 노루귀며 영춘화 매화 복수초의 개화 사진을 보내주던 네 마음

화분에 마사토를 사서 꽃씨를 뿌릴 줄 만 알았던 나에게

자갈을 파내고 거름을 흩고 씨를 뿌리고 물을 주는 것을 앞장서서 함께 하자던 귀한 마음 그 마음이 참 좋다

너와 온 가족이 여기에 같이 한번 왔던 것 같기도 한데

나의 기억력은 믿을 수 없으니 아닌 것 같기도 하고

그 때 네 아이들의 아빠를 본듯해

내가 이렇게 네게 무슨 말을 하려고 뜸을 들일까?

난 그 남자를 잘 모른다

난 너의 눈과 말에서 그 남자를 보는 게 모두 일 뿐

워크 홀릭

잦아지는 투석

세 달 동안 집에 들어오지 않는다던

아이들의 아빠

그를 챙겨주면 어떨까?

다른 건 잘 모르겠다

아이들이 너를 이해하고 안 하고는 제쳐 놓고서라도

때를 놓치면 안 되겠다는 생각이 마음에서 떠나지 않

는다
내가 이렇게 말할 수 있는 입장이 아니라는 건 잘 안다
내가 이렇게 말하지 않아도 네가 알아서 하리라는 것도 잘 안다

창 너머 보이는 매화가 이쁘다
올해 내가 만난 첫 매화다
손을 뻗어 꺾으려다 피지 않은 망울이 많아 멈칫 한걸음 물러서다
매화에 뾰족한 가시 같은 가지가 많다는 것에 또 한번 놀란다
오늘 같은 날은 호미 한 자루 들고 공장으로 가자
그냥 공장으로 가는 거야
워크 홀릭인 그 남자를 만나러 가는 게 아니라
화단으로 가는거야 거긴 아이들도 있잖아
건강을 회복 할 때까지 만이라도
난 그게 널 위한 길이라는 생각을 떨쳐 버릴 수가 없다
눈송이가 매화의 꽃눈처럼 흩날린다
아스팔트는 물기를 머금고 앉았는데 비를 내리지 않았다

비가 되던 눈으로 쌓이던 그냥 둬도 삼라만상은 알아서 잘 돌아가겠지만

오래 두고 가까이 지내고픈 친구라

훗날

그가 가고 혼자 남았을 때

그 남자에게 베풀지 못했던 아쉬움으로

네가 좀 덜 아팠으면 좋겠다

비타민 D존

햇살 가득한 바다

푸른 하늘 지독한 자외선 썬그라스 없이 길을 나서기 힘든

바다 위에 펼쳐진 윤슬마저 너무 많아 그늘 뒤에 숨어야만 바라볼 수 있는

모래사장은 태양에 무자비하게 달구워져 맨발로는 튕기다 싶이 걸어야 하는곳

바람 한 점 없고

구름 한 점 없는

모든 움직임이 멈추고 오롯이 태양만이 바다위에서 이글거리는 곳

오늘은 그 곳이 그립다

어제는 콧수염에 매달린 그것마저 삶의 흔적이라며 툰드라의 그 매서운 기후를 부러워했다

얼음판 위를 미끄러지듯 썰매로 달려보고

그 두꺼운 얼음을 깨고 호수 아래에 유영하는 고기를 낚아도 보고

근데

손이 시러운 건 싫다 눈사람 따위는 만들지 않겠다 두꺼운 벙어리 털장갑을 끼고 털장화로 길을 걷다 때론 길을 잃어보고 싶기도 하다

매장은 여름엔 에어콘이 온도를 내리고 겨울엔 히터가 온도를 올리는

한 계절만 존재한다

변화가 없는 항온 생명체에 맞춰진 세상이다

옥상을 만들었다

하늘을 좀 더 가까이 만나보게 되었다

벽과 벽이 만나는 공간은 태양을 맘껏 누릴 수 있는 하얀색이다

게을러지면 말벌도 와서 집을 짓고 수목원 청딱따구

리도 놀러 오는

햇살이 부딪쳐 따사로움이 형성되는 작은 공간이다

핸드폰이 음악 방송 주파수를 잡으면 그 공간은 완벽한 나만의 무대가 된다

반바지에 민소매이면 충분한 그곳

누우면 하늘이 와 닿는 곳

비타민디 존이라 이름 지었다

에스프레소같은 냉냉씁쓸함에 복숭아아이스티의 맛같은 태양기온이 아우러져 아샷추맛이 나는 그런 겨울이 오면 그 곳은 더 좋다

바람도 쉬어가고

소음은 아래로 내려 앉는다

겨울 햇살은 적당히 따가와서 좋다

툰드라의 벌판

지중해 바다를 꿈꾸기엔 충분하다

꿈꾸는 김

꿈이라는 것이 풀지 못한 방정식처럼 와 닿는다

나에게 그런 것이 있었던가?

진지하게 생각을 하고 도전을 해 보았던가?

꿈을 찾을 생각은 했었던가?

육십 나이가 되어 돌아보는 발걸음에 던지는 꿈이라는 단어가 한편으로는 쑥스럽기 그지없지만 또 한편으로는 아직 사십년이나 남은 인생인데 마지막으로 꿈이라는 것을 꾸어보는 것은 어떨까 생각도 해본다

2년 넘게 취업 준비를 하는 친구가 있다

요즘은 사람을 잘 안뽑아요

어떤 일을 준비 하느냐는 김의 질문에 퉁명스런 한마

디를 던져낸다

그냥 아무 사무실이라도 뽑히면 좋겠어요 계속 이렇게 알바만 할 수 없잖아요

꿈이 뭐야?

장래 희망이 뭐야?

오늘은 여러분이 준비해 온 원고지에 장래 희망에 대해 적어 봅시다

5장 이상 되어야 하고 다 적은 학생은 선생님께 확인받고 집에 갑니다

허구헌날 선생님들은 꿈에 대해 적으란다

꿈이 뭔지

어떤 게 꿈인지

어제 밤에 논두렁에서 굴러 떨어진 그 꿈을 이야기 하는 건지

꿈을 쓰면 그 다음은 어떻게 하는 건지

15살 김에겐 이젠 사회 수업도 심드렁해지기 시작했다

어떤 친구는 대통령이 꿈이란다

판사 검사 의사 그리고 선생님도 있다

난?

잘 모르겠다

다들 꿈이라는 건 바뀐다고 하지 않는가?

이번 선생님은 물러 터져서 우리가 원고지 5장만 채우면 별문제 없을 거야

일단 빨리 제출하고 친구들이랑 과자 먹으러 가야한다

이곳은 바닷가 시골이다

선생님들의 표현에 의하면 오지라서 이곳에 발령받으면 고가 점수를 많이 받는단다 승진에 욕심이 있는 사람들은 많이 지원한다고 하였다

올해만도 벌써 네 번째 선생님이시다

귀신같이 우리 이름은 줄줄 외우시는 이 분은 세상에 욕심이라는 것은 찾아 보기 힘들다 임용 발령 받은이가 구구절절 변명을 대며 빠져버린 빈자리에 슬쩍 밀면 군말없이 갈 그런 분이다 수업 시간 다른 친구들의 원고는 모두 돌려주셨는데 김의 것은 또 돌아오지 않았다

또 교무실로 불려가나?

물커덩 선생님이라도 교무실은 싫은데?

상이 확정된 글은 늦게 돌아오는 것을 알고 있는 김이다

상도 어쩌다 받으면 기쁜데 당연히 받는 것이 되다 보면 친구들의 시샘을 받는 경우가 더러 있었다 선생님은 김의 글에 장난스러움이 있는지 없는지 귀신같이 아셨다

교무실에 불려가서 주의를 받기도 여러번이었다

수첩과 펜을 들고 다니면서 생각나는 문구나 단어가 있을 때 기록하면 좋은 소재거리가 된다고 김에게 너만의 글을 써보라 하셨다

이번에는 원고를 그냥 돌려받아야 했다 장난이 도를 넘었다

다들 의사가 된다 법관이 된다 대통령이 된다 하는데 저는 아닙니다

저는 결혼을 하고 엄마가 될 것입니다

선생님께서 수업 시간에 꿈은 이런 것이 아니다 라고 하는 내용만 골라서 나의 꿈이라 적었다

복도를 걸어가시는 선생님의 그림자를 쫓아가 원고지를 돌려받지 못했다 말씀드렸다

안경 너머로 조그만한 눈이 김을 응시하는듯 하더니
잘 썼어 와 함께 출석부에서 꺼내 주신다.
글만 잘 썼어 였던것이었다

돌이켜보면 그날 이후
꿈을 가져 본 적도 없고
꿈에 대한 자신감도 없이 살아온 김
새해 달력만 받아들면 요즘 들어 홍역에 시달리듯 몸살을 한다
살아 온 날보다 살아갈 날이 짧음을 깨달은 순간부터 겪는 현상이다

학교의 긴 복도
출석부와 지휘봉을 한 손으로 들고 걸어오시는 선생님
15살 김

꿈이라는 게
풀지 못한 방정식 마치지 못한 숙제로 와 닿는다.
지금이라도 시도 해 볼까?
열린 창 틈으로 들어오는 북풍에 달력이 날린다

이런 날은 커피 대신 진한 술 한잔이 그립다

나이가 들면 꿈이 없이 살아도 되는걸까?

나의 너

바람이 요란하다
배너와 어닝을 세차게 흔든다
서울매장엔 비가 많이 와서 정전사태까지 발생했단다

너가
갑자기 뭘 먹었느냐 묻는다
미역탕을 먹었다 올린다

미역국도 아니고 미역탕이라니?

으응~

냉장고에 미역 불린 것이 있어
닭국물 남은 것으로 간만 맞췄어
물은 적게 잡았어
빨리 먹고 움직여야 하거든

매장과 분리된 곳에서 식사를 할 수 있어
그나마 다른 점주들에 비해 복 받은거다 라며
너가 가볍게 놀렸지

또 너가 내게 그런다
누가 시켜서 한 일이었으면 난리가 났을텐데
자력으로 시작한 일이라 힘들어도 남 탓도 하지 못한다고

웃지 않아도 누군가 웃어주고
노래 부르지 않아도 카페 배경에 음악이 깔리니 좋다
그리고
좋다
눈뜨면 갈 곳 이곳이 있다는 것이 좋다
줄줄 읊어대는 내게

넌

그렇긴 하지
오늘 하루 무엇을 먹을까 고민하는 것 만큼이나
무엇을 하며 지내냐도 큰 고민이라며

너는 가고 나는 설거지를 한다

따뜻한 한마디

그 한마디 충분하였다

대구가 봉쇄되고 KTX도 무정차 하고
루머가 떠돌았다
대구를 떠나 고향집으로 가는 건 어떻겠냐는 전화까지 받는다

그 때 괜찮았어요? 바로 이 앞이 신천* 집회장이던데

빌딩 앞문은 폐쇄, 외부인의 출입은 막고 뒷문으로 다녔다

병원의 경우엔 주차장이 구분되고

대구에서 오신 분은 이쪽으로 그 외 지역에서 오신 분은 저쪽으로

설문지도 대구와 그 외 지역으로 구분되었다

그 때는

대구는 괜찮아요?

그의 집은 대학가와 붙어 있었다

눈에 보이지 않는 코로나바이러스는

캠퍼스의 낭만과 분위기도 송두리째 바꿔 놓았다

학생들은 모두 집으로 돌아가고 최소한의 인원만 방역을 거쳐 학교에 머물렀다

이젠 학교로 산책 갈 수가 없었다

학교 대학병원은 코로나 지역 거점병원이 되었다

보기만 해도 감염될까 두려워 병원으로 난 아파트 창은 아예 열지도 않았다

코로나가 호환마마가 되었다

대중교통은 감히 탈 생각은 못했다

학교도 비대면으로 회사일도 비대면으로

그러나 집안 일은 비대면이 없었다

사지육신 멀쩡한 사람들이 아파트 안에서 자가 격리를 하며 24시간을 지내는 건

아무리 가족끼리라 해도 못 할 짓이었다

어쩌다 한 명이 발병 할 경우는 배구의 시간차 공격마냥 순차적으로 바이러스에 걸리고

스트레스는 배가 될 것이 분명해 보였다

김은 바이러스 묻은 숟가락을 싱크대에 담가 씻으려다 말고 국 냄비에 그대로 담근다

가족 모두 바이러스에 걸렸다

어차피 한번은 겪어야 될 고통이라면 돌아가면서 2주씩 격리하기보단 한꺼번에 2주가가 낫겠다는 생각이었다

타미플루 한 개씩 받아 들고 같이 TV앞에 앉았다

뉴스 속에 해바라기들이 웃고 있었다

대구에서 왔다 하면 전염병 보듯이 멀리 떨어져 가는 사람도 있다고 하지만

시원스레 방글거리며 웃는 해바라기 꽃이 보고 싶었다

태백의 해바라기 축제, 바이러스 시국이라 인파는 몰

리지 않았다

입구에 들어서니 해바라기의 얼굴도 보기전에

먼저 어디서 왔는지 이름이 무엇인지 적으란다

첫 방문자라 하얗게 비어진 칸을 보며 펜을 들고 몇 분을 그대로 섰다

“참 고생 많으셨습니다”

나의 주소를 보고 섰던 관리인의 한마디가 최고의 멋진 화음을 내는 바리톤의 소리처럼 울렸다 산들이 둘러 쌓여 골이 된 곳에 만들어진 해바라기밭

평지였다가 언덕이었다가 원두막까지 이어지는 해바라기길 그 길들이 남긴 작은 울림

“참 고생 많으셨습니다”

매장의 오픈만은 내가 한다 영업시간만은 꼭 지켜져야 하고 아침엔 맑은 공기처럼 고객님의 아침을 신선하게 하면 좋겠지만 최소한 자극하지 않아야 한다

너도 따뜻한 커피 한잔 카페인 수혈로 하루를 시작하잖아

복전함

김은 부석사를 좋아한다
대웅전 한 모퉁이 앉아 바라보는 소백산 줄기
바람 불어 들리는 맑고 청아한 풍경소리
특히나 사과 익는 가을의 부석사를 더 좋아한다 했다

카톨릭 재단학교를 다니기는 했지만
절을 즐겨 찾는 이유는 이런 고요하지 않은 정적
살아있는 고요함을 좋아한다고
오늘 같이 바람부는 날에 커피 한잔 들고 창에 앉으면
어느새 부석사 대웅전 앞이란다
마음이 심란할 때면 찾아드는 곳
김은 그곳에 들어서면 늘 백팔배를 한단다

그렇다고 불자라고 부르지 마란다
그냥 절이 좋아서 갈 뿐이라고
교회 가서 사탕도 잘 얻어 먹고
모닝빵도 먹고 사교도 하고 목사님 설교도 듣는단다

키오스크의 기기음이 울린다
포장을 주문하셨습니다
주문을 넣으신 고객님께서 미소를 띄며
뜬금없이 사업 잘 되실 겁니다 하신다
어제 아침 만원을 천원권으로 바꿔 달라셨던 분이다
새 돈으로만 바꿔드렸었다
복전함에 넣었지요 그 돈이 이 카페 돈이었지요
언덕배기에 있는 가까운 절에 다녀오셨단다

요즘은 친구들이랑 절에 밥먹으러 몇 번 다녀오기도 했다 공양하러 간다고 했던 것 같기고 한데 불자도 아닌 주제에 쓰윽 묻어 들어가 밥만 먹고 오기 참 민망했는데 식당에 밥값을 넣을 수 있는 통이 있어서 반가왔다 대웅전에 들어가선 불전함에 지폐 한장 넣고 절하는 것이 그렇게 힘들었는데 내게 밥 숟가락을 건네는 식당엔 잘도

지갑이 열린다 그렇기만 한가? 감사히 먹겠습니다라고
합장까지 한다 배부르게 해주는 것을 좋아하고 거기에
합장까지 하다니 진정 속물이 맞긴한가보다

서이말등대

1944년 1월 5일 첫 점등 1945년 8월 15일 폭격으로 훼손
1958년 2년간의 작업으로 현 모습으로 복원 되,

현숙
현숙,
김은 졸업앨범을 뒤지듯 그 이름을 적다가 두 손으로 쓰다듬는다
어디서 어떻게 살고 있을까?

현숙은 입양되었고 서이말등대에 산다 했다
현숙을 입양하신 부모님은 평생을 바다에서 사셨다

해산물을 채취해서 살아간다고 하였다

1980년

여름답지 않은 햇살이 참 부드럽던 어느 날

현숙의 부모님이 바다에서 돌아가셨다 물질하러 나가서는 돌아오지 못하셨다고

시신도 못 찾았단다

아무리 헤엄을 잘 치더라도 돌부리에 발이 걸리거나 해초에 발목이 휘감기면

바다 속을 벗어 날 수 없단다 선생님 생각으론 현숙 부모님도 이런 경우라 생각한다고

바다는 속을 알 수 없다 늘 생명체가 드나들고 자라는 바다 봄과 여름이 다르다

바다와 같이 사는 우리는 바다를 배워야 하고 바다가 하는 이야기를 들어야 한다

선생님이 현숙을 안고 열심히 설명 하셨다

혼자가 된 15살 현숙은 등대에 더 이상 살 수 없었다

누가 어디로 데리고 갔을까?

봄은 남쪽 바람을 타고 온다
공고지의 수선화
서이말등대의 동백꽃

카페에 삼삼오오 앉은 이들의 이야기가 바람을 타고 온다
그들의 핸폰에서는 공고지 수선화의 노란 물결이 피어난다
이 여인들 돌아오는 길목에 현숙의 소식이 묻어올리 만무하지만
그래도 턱도 없는 희망을 가져 본다

아메리카노 취향

뉴질랜드 남섬을 트래킹하고 오겠다라는 문자만 내게 남겼었지

무엇이 너를 갑자기 그 먼 곳으로 떠나게 했는지는 묻지 않기로 한다

지금의 너는 앉았던 그 자리에서 다시 일하고 있으니깐

붐비는 지하철 안에서 너는 그 나라의 산으로 걷고 있을까?

그 여행으로 1년은 잘 버틸 수 있는 기운을 얻었다며

들떠서 말하는 너의 에너지에

나도 참 신났었다

난 얼음 90g 추가

넌 얼음 90g 추가 더하기 시럽 추가
이런 아메리카노를 들고 앉아
너의 취향이 더 고급지다며
한바탕 웃으며 말하던 너의 미소가 좋다

시월이면 내년 계획을 세우고 3년 후까지 걱정하며 일하는 너
내일 일도 모르는데 어떻게 3년 걱정까지 하냐고?
어제도 오미마 근무를 하였다 엄살부리는 내게
그렇게 열심히 일하다 떠나는 여행
그렇게 해서 맞이하는 쉼이 정말 꿀맛이라며
그렇게 열심히 살다
힘들면 충전하러 떠나보자는 너

그런 너가 있어 참 좋다

영치까지

바다 속 돌무더기를 오빠들은 영치라 했다
바닷물이 들 때면 보이지 않다가
바닷물이 빠지면 많은 돌두더기가 보인다
걸어서 갈 수 있을 때면 검은 팬티만 걸친 오빠들의 놀이터였다
그 속에 있던 돌을 한 개씩 뒤집으면 숨어있던 고동이며 해삼 군시등을 쉽게 잡을 수 있었다

물이 빠지면 걸어서도 건너 갈 수 있지만
물이 들어차면 하염없이 깊어 지는 곳

김의 기억은 거기까지 더듬거리고 있었다

직사각형의 싱글사이즈 침대 정도 되는 튜브에
혼자타고 있었다
오빠들이 튜브 태워 준다하여 따라나선 기억이 있었는데
김은 물속에서 허우적거리고
손발을 움직여!
빨리 더 빨리 외치던 누군가의 목소리

김에게 수영을 가르치려 했단다
그래서 튜브를 영치 앞에서 뒤집었다고 오빠들은 아버지 앞에 무릎꿇고 앉아있다

다시는 바다 근처에 가지마라 하시던
엄한 아버지의 목소리 영치 앞바다의 기억이다

인터넷에 주소를 치고 커피향에 실려 고향집으로 향한다
위성 모드를 보지 않더라도 짐작할 수 있는 평면도를
지도는 나타낸다

영치 앞바다는

윈드서핑 강습장으로 바뀌어 있었다

보트만이 돛을 펼치고 바람을 따라 윤슬을 가르며 흐르고 있었다

모래사장이 있던 자리엔 방파제가 생기고 어촌 민속전시관이 생겼다

영치가 수장되어 버렸고

방파제 둑을 따라 낚싯대만이 영치가 있는 방향으로 드리워져 있을 뿐 이었다

제 명命에 살다 간다

사람은 태어나서 울고 웃다 제 명命에 죽는다 라고 한다

훈이가
훈이가

훈이
산골 송아지 마냥 맑고 선한 눈망울을 가진 아이
착한아이
웃음이 선했던 아이
엄마의 한마디에 눈물부터 뚝 뚝 떨구던 그 이쁜 아이
나의 조카

군에 간 훈이의 사망소식을 접했다
선임이 관자놀이에 총기를 바로 대고 쐈다고 탄환의 출구도 작았단다

라면을 끓여주지 않았단다
소대장이 하달한 업무부터 해결하고 하겠다 했는데 그게 괘씸했단다
훈이의 나머지 인생을 총구에 넣어버린 그 녀석은
라면 한그릇 때문에 근무 보초를 바꿔가며 화장실에서 기다렸단다
라면 한그릇 때문에

그리고 언니는 살아가고 있다

자식은 가슴에 묻는다 했나?
아들 잃은 마음에 곪아터진 장기는
손상되어 떼어내고
치료하고
종교에 의지해서
견디고 있다

4월이면 현충원을 다녀 온다
4월이 오면 언니는 몸살을 앓는다
30년 째 이어지고 있다
훈이를 만나러 간다

내게도 4월의 커피는 쓰디 쓰다
카라멜마끼야또 조차도 쓰다

철학과선배와 J

글램핑장에서 선배를 만난 건 대학을 졸업하고 20년이 더 지나서였다

모닥불을 둘러쌓고 놓였던 맥주병과 소주병이 모두 비워져 가면

술을 마시지 않는 김은 호일에 고구마를 싼다

남은 불에 구울 생각이다

뒤늦게 모임에 합류한 선배의 얼굴이 보인다

친구가 떠나고 선배를 더 이상 보지 않았던 김이다

동문 모임도 애써 피하였다

철학과 4학년

이 학교? 4년 재수하고 5년 만에 들어왔어

취기 오른 선배가 독백하듯이 말한다

집안에서는 경사 났다고 어른들이 모여 소 한 마리 잔치를 벌였던 웃지 못할 일도 있었지

흰 고무신에 헐벗은 모시 적삼 같은 복장은 뭐냐고?

우리 집안은 이런 옷만 입어 내겐 이런 옷 밖에 없어 그나마 마을을 벗어나니깐

도포자락은 입지 않아 좀 살 것 같다 사자소학으로 출발하여 어려운 한자들만 외우며 생활하는 곳이야 미안하지만 난 그곳의 장손

이쯤이면 정혼자도 있겠다? 하겠지?

맞어 아주 고운 정혼자가 있어

집안에서 내게 원한 것 중에 제일 마음에 드는 부분이야

근데

문제가 생겼어

00학번 아이가 자취방에 와서 날마다 놀다간다?

밥도 해주고 벗어 놓은 고무신도 씻어 놓고 간다!!

동네 어귀에 만나는 마을 동생 같아서

묻는 말에 꼬박꼬박 답해주고

배고프다면 밥 사주고

힘들어 보이면 학사주점에서 막걸리 한잔 사주는 게 전부 였는데

이보게
나
고등학교는 5년 만에 졸업하고 5수하여 대학 입학했어
군 생활 5년
그리고 4학년
애기 아빠가 되었어도 이상하지 않을 나이
또
눈치는 9단이라
꼬마의 마음을 아는데는 시간이 필요하지 않았어
아이야~ 이건 아니야 해야 하는데
심하게 말하면 상처 입을까 봐
같이 자취하는 김이랑 함께 놀러 오라고 에둘러 이야기 했더니
날마다 김을 못 살게 구는 눈치더라

고등학교 선 후배 사이라 하지만
솔직히 말하면 난 거기 졸업장만 받았을 뿐이고
그래
전학으로 돌고 돌아 졸업한 학교라 좀 애착이 있긴 했어
동문 모임에 꼬박꼬박 가다 보니 친구라는 게 생기고 마음이 생기고
본의 아니게 졸업생 중의 최고의 형이 되어있었을 뿐이고
다들 나의 이야기는 곰방대 같다고
입만 열면 귀 대신 막걸리 잔을 먼저 부딪쳐 오는데
이 아이는 더 바짝 다가와서 앉았다고

김이랑 같이 오너라
공부해야지
꼬마 마음을 알기에 피해 다녔는데
그 아이
날마다 술 담배에 빠져들고 흰 고무신에 사파리 점퍼를 입고 나와 비슷한 복장으로 교정을 휩쓸고 다닌다 하더란다 나는 그 이유를 너무나 잘 알고 있었는데

동문들의 눈에는 너무 심각한 일탈로 보였나보더라

급기야는 J 행동에 놀란 동문들이 같이 사는 김이 물들면 안된다며 챙기기까지 하였다

결국 J는 학사 경고인 쌍권총(F학점 두 개)의 곱절인

F학점 4개를 받고 고향으로 불려 갔다 한다

졸업하던 날

김에게 만연필을 남겼다

본인이 아끼던 것이라고 꼬마 J에게 전하란다

그때 그꼬마

J의 얼굴을 떠올려 본다

짧은 커트에 통통한 얼굴 입술이 파랬던 그녀

손가락에 담배 연기가 피어 올랐다는 건

김도 기억한다

동문 선배가 불러내어 J와 거리를 두라고 했던 말도

걱정마세요 그친구 만연필 받아들고 짐싸서 내려갔어요

긴 막대로 불속을 파헤치며 은박지에 쌓인 고구마를 끄집어낸다

막대기로 숯을 헤집더니 땅을 탁 탁 치며 감정을 보인다

선배

선배의 꼬마

내 친구 J

선배의 결혼 소식 전해 오고

그다음 해 복학하고 우리보다 조금 늦긴 했지만 학부 졸업했답니다

지금은 교단에서 학생들을 가르치고 있어요

나름 단골로 분류된 중1 무리들 팀이 있다

이 중1의 특징은 1인 1메뉴는 기본으로 한다 1인 1결제다

같이 오더라도 같이 나눠 먹지 않는다

나눠먹지 않기에 아무리 메뉴가 많더라도 1인 1포크 내 것만 갖고 간다

혼자 올 때는 귀여운 열 네 살

무리로 오면 때때로 군중심리도 발현시키는 귀여운 녀석들이다

그렇게 젊음을 방황하던 꼬마 J는 이제 이런 사춘기 아이들과 세상을 살아간다 했다
세상을 가르치며

체력장

허니브레드 5분

와플 2분 40초

베이글 2분10초

브레드를 오븐에 넣기 전 타임머로 굽는 시간을 세팅한다

초 단위를 누를 때마다 손가락이 34초에서 벗어나질 못하고

하루에 한 두번은 꼭 그 숫자를 누른다

34초

지우고 싶지만 이미 사라져버려 지울 수 없는 과거의 숫자

1971년 10세(국민학교 5학년)에서 17세(고등학교 3학년)의 전학년을 대상으로 체력검사를 실시하여 제자리멀리뛰기 던지기 윗몸일으키기 오래달리기 턱걸이(남) 혹은 팔굽혀매달리기(여) 등 6개 종목을

80점 이상이 특급 70~79점이 1급로 구분되어 등급별로 점수가 가산된다

34초, 스탑 워치는 5초를 넘지 않았을텐데

내가 매달렸던 철봉의 팔굽혀 매달리기 시간을 홍은 그렇게 외쳤다 34초는 최고 점수다 기록하는 사람은 묻지도 따지지도 않고 그대로 적는다 그 성적으로 특등이라는 체력 성적표를 갖게 되고 수능시험에 반영되는 체력시험에서 만점을 기록한다 홍은 김의 초등학교 1학1반 담임 선생님이었다 고등학교 졸업을 앞둔 체력장에서 우연히 만난 그는 34초를 보상이라도 하듯 던져주고 추억속으로 떠났다

너 이길려고 그렇게 힘들게 싸울 필요 없어 나의 접대 실력 한방이면 네게 타이틀은 오게 되어 있어, 제대로 해 보겠다는 복서에게 이 말보다 더 굴욕적인 말이 있을까? 난 운동을 좋아한다 좋아하는 만큼 잘 하고 즐

긴다고 생각한다 이런 내게 그가 던진 34초는 두고 두고 주홍글씨마냥 추억 한켠에 새겨져 지워지질 않는다

체력장 하셨어요?

우리 땐 당연히 봤지요

뜨거운 커피를 들고 체력장 에피소드 얘기에 문을 나설 줄 모르신다

철봉에서 내려선 손바닥에 떨어진 34초

현실은 오븐의 알람소리 심파에 빠지는 시간은 빵이 굽어지는 그 시간이면 충분하다

감성에 빠져서 멍때리는 사치는 5분으로 마무리하고 주문하신 메뉴를 정성스레 세팅해서 내어드린다

고객님 주문하신 음료 준비되었습니다

그녀의 친구

그녀의 커다란 두 눈이 껌벅이기 시작하면 무슨 말을 하시려나 숨죽이고 바라보게 된다 입의 소리보다 눈 속의 말이 운을 먼저 떼는 그 표정은 쉬이 말을 나누기 좋은 인상은 아니다 거북목 형상에 느짓이 걷는 구부정한 허리와 내리꽂듯 떼는 발걸음은 거리를 두기까지 만든다 근데 이 여인에겐 무기가 있었다 찰랑이는 긴 웨이브 머리 늘 웃는 모습에 허리까지 반듯이 세워 걷는 걸음이 예쁜 여인 몇 살 아래로 보이는 이 예쁜 여인은 늘 그녀를 언니라 한다 그녀의 최고의 보물이다

언니 오늘은 내가 살께

"난 아메리카노 안 달달하게 연하게 주시고 언니는 달

달하게 연하게 주세요”

핸드폰 뒤에 감춰온 비상금까지 쑤욱 빼서 결제를 한다

통창으로 시야를 뺀 이 매장은 시력의 힘이 닿는데까지 밖이 보이는데 수목원에서 내려오는 모습들은 더 잘 보인다 저기 그녀가 공기를 휘이 젓으며 걷는데 혼자다

카푸치노 주세요

시럽 넣어 드릴까요?

평소에 달달한 음료를 드시는 편이라 한번 더 여쭤본다

조금만 넣어 달라 하신다

오늘은 혼자 오셨네요?

커피 한모금 마시고 불안한 듯 두리번 거린다

마시다 일어서다 앉았다 일어서기를 반복하시더니 카푸치노가 식어 가는 것은 아랑곳 않고 이것 저것 만지고 쓰다듬으며 매장을 한바퀴 돈다 그러다 매장의 마지막 구성인 김과 마주쳤다

나 오늘 이거 주었어 이 앞에서

아무런 장식이 없는 그 반지는 김의 엄지손가락에 끼워도 헐거울 만큼 크다

지난밤 꿈을 잘 꾸셨나봐요

간밤의 꿈에 밥을 하는데 밥 솥에 하얀 쌀밥이 가득 가득 넘쳤어

복권을 사야 하나 생각했다고

반지를 빼내어 만지작 만지작 하시더니 김에게 한번 끼어 보란다

무겁지?

이거 신랑이 벗어둔거야 끼고 왔는데 무겁지? 남자들은 손가락 힘도 센가봐

남편의 반지를 수목원에서 주웠다 하신다 실없이 건네는 농담이다 픽업대에 다 마신 잔을 올려놓으시곤 인사하신다

내일은 그 친구랑 같이 올거야 그 친구 오늘 포항딸네 갔어

그 친구와는 한번 앉았다 하면 기본은 두 시간

뭔 이야기가 그렇게도 재미있는지 시간 내내 깔깔깔 그치질 않을 수 있는데

친구없이 혼자 앉은 고객님은 영락없이 주인 잃은 강

아지의 모습이다

5년 차 매장에는 여전히 다양한 고객님이 자리를 메워주신다

가끔은 나도 관심을 받아보고 싶다

추석때 사촌들과 일본 갑니다 네 명이예요 모두 근처에 살거든요 어릴 때 같이 수영도 하고 재밌게 지냈는데 이젠 모이면 각자 핸드폰만 들고 앉아 있어서 어른들께서 그럴것이면 명절에 여행이나 다녀오라 하시더라구요

윤경네 이야기다

나도 나의 아이들이 궁금하다
너는 오늘 무엇을 먹었을까?
너는 오늘 어떤 옷을 입었을까?
너는 오늘 또 어떤 사람들을 만날까?
너의 몸 상태는 괜찮을까?

내일이면 3월

이젠 아침이 빨리 온다

난 오늘도 핸드폰 알람소리에 깨어나고 눈곱도 떼는 둥마는둥 썬크림만 바르고 빠른걸음으로 계단을 내려가 아침의 문을 열었다

너의 아침도 내려가는 계단의 조명에서 시작한다고 했지?

14층의 계단 붐비는 엘리베이트가 싫어 걸어 내려간다고

만성통증을 달고 있는 너의 발목은 좀 나아졌을까?

덤벙대는 걸음걸이 탓에 너의 무릎만큼이나 벽에 자주 닿이는 너의 텀블러는 무사하겠지? 10년 동안 네 서류 가방을 떠나지 않던 여길 떠날 때 갖고 간, 고향의 한 줌 흙인냥 들고 다니는 닳고 닳은 그 텀블러

보약인냥 1일 1라떼 원칙을 갖고 있다 했지

이곳이 그리울때면 “카페라떼 우유는 최대한 뜨겁게 해 주세요”

마실 때마다 텀블러에서 나오는 그 온도에 화들짝 놀라기도 여러번이지만 뜨거움이 좋다며

입술의 상처엔 아랑 곳 않고 웃는다 했지
텀블러는 고향을 라떼에선 엄마를 그린다고

나는 여기에서 늘 매장을 지키고 있지만
가끔은 나도 관심을 받아보고 싶다

오늘은 그런 너가 참 그립다
너의 안부를 가끔은 나는 물어본다
아침에 따뜻한 라떼를 위해 스팀을 할때면 네 얼굴을 폼밀크 위에 그려보기도 한다
너는 너는
오늘도 내가 너에 대해 궁금 해 하길 바란다

초단위 시대를 살아가느라 모두 바쁘겠지?

너도 한번씩은 내가 되어
그날 내가 너의 안부를 묻듯
나를 생각할까?

현민이

포교 책자 지금은 깰때이다, 파수대
두 여인이 이런 것들을 주고 간다

길에서 눈을 맞추며 인사를 하길래
그 눈길들을 피하며 하늘만 바라보다 매장으로 들어왔건만 쫓아와서 기어이 놓고 간다

여인들의 꼬리에 친구가 붙었다 김의 친구를 데리고 떠난 종교다
두 책자는 그 종교를 대표하는 포교 책자임을 잊을 리 없다
**와 증인

김의 고등학교는 카톨릭 재단이었다

서무실엔 수녀님들이 일을 봐주시고 선생님들은 대부분 카톨릭 신자들이셨다

교리 시간도 있긴 했지만 신부님들은 늘 인자하시고 우린 좀 방자하게도 교리시간보다 우리의 친구가 우선이었다

종이 울려도 그 날은 현민주위를 둘러 싸고 앉았다

선생님께서 그 종교가 사이비라고 하던데 그만 둬야 하는거 아니야?

현민은 공부를 꽤 잘하는 친구였다 시골에서 S대학을 목표로 잡을 정도다

국경을 부정하고 국기에 대한 경례를 하지않아 교련 수업 참여가 힘들고

그러면 대학 진학도 불가하고

우리나라에선 피할 수 없는 군복무도 문제가 되어

양지에서 살기 힘들게 하는 종교

그 종교는 성경을 펼치고 한 줄 한 줄 짚어가며 교리를 알려주어 믿음이 더 가더란다

우리의 교리 수업은 성경을 줄 줄 외우는 신부님께서

그 재단에서 해석한대로 우리에게 설명을 하시면서 종교를 설파하지만 그 종교는 달랐단다

요 성경공부 마무리하고 이번 주말에 대구에서 열리는 집회에 다녀오면 될 듯 해

그러면 후련히 공부에 전념할 수 있을 듯,

그러나 종교 집회를 다녀 온 이후 그 친구는 확연히 달라졌다

학교수업에 나오기는 했었는데 우리와는 다른 세계에 사는 친구가 되었다

편모슬하에 누나와 같이 살아가던 그 집에선 날마다 굿을 한다는 소리가 들렸다

우리의 고등학교 졸업식은 어떠했나?

그 친구는 졸업은 했었나? 2년이나 같은 반을 해도 기억이 가물가물하다

나이 육십 줄에 접어들어 그때를 돌이켜 보면 17살은 남은 인생을 결정하기엔 정말 어린 나이다 그런 나이에 대단하게도 현민의 세계관 종교관이 형성되고 우리들의 영역에서 그는 사라졌다

매장은 문이 늘 열려 있다 불특정 다수가 오간다

**와 증인도 오갔다 우습게도 그들에게서 현민의 소식을 간접적으로 듣게 되었다

그래도 녀석 살아있었구나

꽃사슴

100번 버스 개문발차 비엔나커피 다방
주말드라마 한편은
투 샷에 물은 샷 량만큼만 잡고 생크림을 풍부하게 올려 추억 속 비엔나 커피를 소환한다

내가 비엔나 커피를 마셔 본 기억이 있기는 한가? 커피에 동그란 아이스크림을 빠뜨린 지금의 아포가토 비슷한 메뉴를 먹어봤던 것은 같기도 하다

가난한 학생 주제에 선배들이 사주는 막걸리 파전이면 만족하지 뭔 호사스럽게 카페를 드나 들었겠나? 솔직히 고백하자면 점주인 나도 이 매장을 운영하기 전까지는 이렇게 다양한 커피가 있는 줄 몰랐다

요즘은 학교 앞 카페들은 학생들의 아지트로 되어 만남도 갖고 공부도 한다 그들을 이름하여 카공족이라 이르기도 한다 30년 전에는 상상조차 되지 않았던 광경이었다

개강의 신호는 2월의 부드러운 바닷바람으로부터 온다

그 바람에 밀리듯 앞서거니 뒷서거니 학교로 돌아간다

학교가 있는 J시로 가는 버스는 1시간마다 있어 2월이면 J시를 향하는 버스속에서 아는 이를 만나는 건 흔한 일이다 민주화 바람이 가라앉지 않은 80년대 섬을 벗어나려면 헌병들의 검문을 받아야 했고 그들의 걸음 소리를 따라 긴장이 버스 안으로 들어선다

불온 학생들을 찾고 있는 헌병, 선배는 헌병들이 생각하는 불온 학생과 이미지가 비슷했다

선배는 이번에도 어김없이 끌려간다

선배를 처음 만난 건 호프집 꽃사슴이었다

호프집이라고는 하지만 동네 가운데 있어 사랑방 구실을 하기도 하려니와

조그만 시골 마을이라 기껏해야 김이 일하는 시간에는 열 명 내외의 손님만 오갈 뿐이다

꽃사슴은 DJ실이라는 것도 있다 LP 음반이 사방 벽을 형성하고 고객과는

시외버스정류장에서 차표 한 장과 동전이 교환되는 그 크기만큼의 창으로 사연 적은 종이들이 오간다 문에 그려진 꽃사슴은 하얀 몸통의 검은 뿔을 가진 것으로

문을 열면 사슴의 뿔이 늘어지는 서쪽 햇살을 등에 업고 쭈욱 뻗는다

길을 찾는 이에게 가야하는 방향을 알리려는 듯

으스럼이 거리를 뿌리고 지하보다 더 진한 어둠이 찾아와야 빛이 나는 곳

그런 곳에 손님이 들어 왔다

어둠만이 필요한 듯 어두운 곳에서 더 구석진 곳을 애써 찾아 앉는다

검은 뿔테 안경 벙거지모자 카키색 사파리 잠바 그리고 어깨엔 가방하나

김은 그 곳에서 아르바이트를 하고 있었다

일주일째 출근 도장을 찍듯이 그 복장 그 모습으로 꼭 1번 자리, 젤 어두운 곳에 앉았다

오늘은 사연과 함께 음악을 청한다

내일 학교 가야 하는데 두렵답니다

사연쪽지를 손에 든 김과 눈이 마주친 그는 단추구멍 크기의 눈답지 않은 호탕한 웃음으로 매장안을 가득 채운다 당황한 김이 LP가 끄윽 끄윽 거리며 다음 곡으로 넘어가는 줄도 모르고 그 모습을 보고 섰자니

한잔 권한다

족보를 풀어보니 학교 선배였다

고등학교가 2곳이 유일하여 확률적으로 당연한 일이긴 하지만 고등학교 대학까지 연결된다

도서관에서 이데올르기 사상 어쩌고 하는 책을 몇 권 읽었을 뿐인데

한 번씩 팔목이 낚아 채이며

어디 가는지? 어디 다녀 왔는지? 질문 습격을 당하기도 하였단다

사파리 점퍼 검은테 안경 백팩 몇 일 씻지 않은 듯 한 얼굴
이건 그의 취향이고 물려 받은 유전적인 결과물인데 늘 감시를 받는다 하였다

우린 개강을 맞이해서 학교로 돌아가야하고
학교를 가려면 섬을 벗어나야 한다 이 섬을 벗어나는 길의 육로는 **대교가 유일하다
헌병들이 늘 기다리는 곳 그 대교를 지나야 한다는 말이다
그들의 눈에 운동권으로 보이면 신원 조회를 당해야 한다는 것은 소문 들어서 익히 알고 있었다 그런 신원 조회 때문에 더러는 바로 오가지 못한다고
강의실에선 실없는 농담의 주제였는데 그게 실체가 있었고 그 주인공이 선배였다

버스를 타고 나갈 때 마다 그런 일을 겪다보니
처음에는 긴장되었고
두 번째는 내가 그래도 지성인으로 보이기는 한다는 생각이 들기도 한적이 있긴하였지만

그 다음부터는 트라우마가 되었단다

헌병에게 늘 조사를 받던 그 선배는 졸업 후 헌병에 자원 입대 하였다

대교로 배치되고

그가

꽃사슴에 숨어든 사파리 잠바 뿔테 안경 쓴 이들을 검문했다

지금은?

30년간 공무원으로 근무하다 작년에 퇴직하여 은퇴 삶을 살아가고 있다

화가 K

12월 1월 그리고 2월

크리스마스 시즌과 설날이 있지만 대체로 한가하여 카페의 시간도 덩달아 게으르게 흐른다

이 시간 또한 지나갈 것이고 내년이면 최저임금은 또 오를 것이다 경제지표는 나빠질 것이고 보이지 않는 곳곳엔 전쟁이라는 것이 일어나고 한 해를 결산하는 손끝엔 이 일을 계속 할 것일까?에 대한 고민을 또 하게 된다

이럴 땐 떠나야 한다

1년 동안 잘 살아왔으니 보너스 휴일을 갖기로 한다

1주일

김은 바다를 갖고 싶다고 입버릇처럼 말했다

바다를 배게 삼아 살아왔던 김에게 바다가 없는 삶은 어딜 가나 타향의 냄새가 난다고

바다의 물이라는 게 두손으로 담아 올려도 10초를 채 머무르지 못하고 짠 여운만 남기고 흘러버리건만 그 물이 찰랑이는 바다를 갖고 싶다 했다

속은 깊어야 하고

잔망스런 파도가 일지 않아야 하고

어둡지 않아야 하고

김의 말이라면 묵묵히 들어 주는

그런 바다를 갖고 싶다했다

김이 화가 K를 처음 본 건 거제도에서였다고

그녀보다 그림을 먼저 만났었다고

친구들과 지냈던 숙소 로비에 그녀의 작은 전시가 있었다고

남겨진 도록에서 연락처를 확인하고 벽화작업을 하고 있던 그녀를 만났었다고 하였다

K도 바다에서 태어나 바다를 보며 자라왔다 했다

그녀 화폭에서 보았던

9할의 바다와 1할의 집 그리고 종려나무

다도해인 탓에 물결과 파도가 살랑이는 곳

그녀와 함께라면 웬지 김이 원하던 바다를 찾을 수 있을 듯 했다

K의 스케줄을 확인하고 약속을 잡았다

한 번도 그림을 그려보지 않았다는 말에 그녀는 불안한 침묵을 지키고 있다

입에서는 금방이라도 말이 터져 나올 듯 했다

화폭의 크기를 물을 때도

제일 작은 크기 정도로만 말하였다

K의 말이 삼켜지고

다시 혀끝으로 밀려 나오곤 하는 과정을 반복하고 있다

바다 화가인 K의 자료집에는

김이 원하는 그런 바다 사진은 없었다

큰 키의 그녀가 위에서 눌러 내리듯 눈망울 속 동공을 보일 때

김이 했던 말을 다시 주워 돌이켜 보고 있었다

잔망스런 파도가 일지 않는 바다
어둡지 않은 바다
묵묵히 들어주는 바다

그 날
K가 찍어준 주소의 화실로 찾아갔다
언덕배기에 위치한 창이 넓은 화실, 하마터면 카페인 줄 알고 돌아설 뻔 했었다
창이 많아서 그림 그릴때는 불편하기도 해요
바다 그림이 쉽지 않은 걸 인지한 순간부터
처음 접하는 화실과 물감 냄새 가득한 화구로부터 오는 생소함에 김은 단전에서 시작된 울렁임이 미싯거림으로 이어지는 것을 느끼고 있다 뜻대로 되지 않을 때 몸이 일으키는 구토직전의 현상이다
K는 또 한번 생각의 소리를 내뱉는다
바다를 찾으며 내는 소리다
K가 그녀의 자료집을 덮곤 핸드폰으로 시선을 준다
네 안에서 네가 원하는 바다를 찾아보라 하는 듯
그 안엔 여러 해 동안 묵혀 둔 바다 사진들이 있었다
찾았다

아크릴화 6호 이틀을 공들여 마무리 했다
어슬프기 짝이 없다
그래도
나의 그림 1호가 태어났다
김이 상상하던 바다로는 미흡하지만
그 바다와 닮은 구석이 있다 그런 녀석이 태어났다

바다라는 게
영성하기 이를 데 없는 그림이라는 게
무거운 짐을 내려 놓고 가라한다

그림을 벽에 세워 한 번 더 바라본다
마음의 짐은 이 바다 속에 두고 가란다

숙소로 돌아와 친구에게 전화한다
카페를 그만두고 뭘 할까 생각했는데
할 일이 생겼어
마음을 담아주는 바다, 바라만 보아도 늘 부족한 내게
그래 네 맘 내가 다 알지 라고 말하는
위로가 되는 바다를 그리고 싶어

해안가 낡은 창고에서 파도를 벗 삼아
바닷물을 물감 삼아 바다의 모습으로 살아 가는 것
그것을 하고 싶어

내가 위로를 받았듯 누군가에도 위로가 되는 바다가 되고싶어

나의 오미마는 오늘도 이어지고 있다
내가
나의 마침표를 찍을 수 없는 이유다

오미마

수목원을 품은 카페이야기

초판 1쇄 | 2026년 01월 29일

저　자 | 김미선
발행인 | 윤승천
발행처 | (주)건강신문사

등록번호 | 제25100-2010-000016호

주　소 | 서울특별시 은평구 통일로 712-1
전　화 | 02)305-6077(대표)
팩　스 | 02)305-1436
메　일 | health305@naver.com
kksm305@hanmail.net

인터넷건강신문 | www.kksm.co.kr
한국의첨단의술 | www.khtm.co.kr
헬스데일리 | www.healthdaily.co.kr

ISBN 978-89-6267-158-2 (03800)